图书在版编目（CIP）数据

研学成都 / 赵帅编著 . -- 兰州：甘肃少年儿童出
版社 , 2025. -- ISBN 978-7-5422-7606-3

Ⅰ . K927.11-49

中国国家版本馆 CIP 数据核字第 2024LW1895 号

研学成都
YANXUE CHENGDU

赵帅 编著

选题策划：冷寒风

责任编辑：段山英

校　　对：贾宏慧

项目统筹：杨静

文图统筹：刘钰琨

封面设计：罗雷

美术统筹：任贤贤

图片来源：视觉中国　四川省文物考古研究院以及三星堆博物馆

出版发行：甘肃少年儿童出版社

　　　　　（兰州市读者大道 568 号）

印　　刷：天津市光明印务有限公司

开　　本：787 毫米×1092 毫米 1/16

印　　张：6

字　　数：120 千

版　　次：2025 年 1 月第 1 版

印　　次：2025 年 1 月第 1 次印刷

印　　数：1 ～ 20 000 册

书　　号：ISBN 978-7-5422-7606-3

定　　价：50.00 元

如发现印装质量问题，影响阅读，请与出版社联系调换。

电话：0931-8773267

前言
FOREWORD

在浩瀚的历史长河中，中华民族犹如一艘乘风破浪的巨轮，承载着千年的文明与智慧，一直踏浪前行。在这片广袤无垠的土地上，山川壮丽，江河奔腾，大地辽阔，文化多元，每一座城市、每一个村落都蕴藏着无尽的传奇。

我们特为青少年朋友们编纂此套"研学中国"书系，正是因为看到新时代少年在讲述中国故事、传承中国文化上的巨大能量，他们正是"少年强则国强"的最佳践行者。中国的"研学"思想历史悠久，看大禹治水过程中的实地探索、孔子的周游列国等，无不是在游历中获得智慧。本套书以城为舟，以智慧为帆，旨在引领读者游遍山河、广学知识，在"边游边学"中砥砺向前。

成都是一座充满魅力与底蕴的城市，犹如一部厚重的史书，每一页都写满了故事；又似一幅绚丽的画卷，每一笔都描绘了独特的风情。它是西南地区的明珠，闪耀着历史、文化、美食与自然交相辉映的光芒。

成都的特色，首推其源远流长的历史文化。古蜀文明在此发祥，三星堆神秘的青铜面具诉说着往昔的辉煌，金沙遗址精美的太阳神鸟金饰展现出古蜀人的智慧与创造力。从战国时期修建的都江堰水利工程，到三国蜀汉的传奇故事，再到唐宋的诗词雅韵，成都的历史脉络清晰而丰富，历经数千年岁月的洗礼，依然鲜活地存在于城市的每一个角落。宽窄巷子的青石板路古朴悠长、武侯祠的庄严肃穆、杜甫草堂的诗意清幽，都承载着历史的记忆，漫步其中，仿佛穿越时空，与古人对话。

成都，这座充满魅力与活力的城市，正等待着我们去探索、去发现。《研学成都》这本书将带领读者走进成都的大街小巷，领略其独特的历史文化、美食风情和自然风光，感受成都的魅力，在旅途中收获知识。

以少年之志，研学中国！穿越千年的历史长河，深潜广袤的地理版图，共赴一场壮丽的中国研学之旅。

目录

CONTENTS

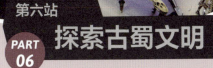

我的成都 (CHENGDU) 研学之旅

出发之前，让我们先用思维导图形式呈现一下研学的准备工作吧。

想一想，成都在哪里？

地点
01

02
成都印象

＊ 你印象中的成都是什么样子，用至少五个关键词概括一下。

出行前查询当地天气情况，准备随身装备。

天气：

衣物：

其他随身物品：

03
信息及装备

04
研学期待

◆ 去成都最想去的地方

◆ 最想要了解哪位历史名人

◆ 最想要学会做哪道川菜

◆ 完成自己的研学课题

研学准备

"九天开出一成都，万户千门入画图。"成都这座城市既有繁华的都市风貌，又有传统文化的深刻底蕴。让我们一同走进魅力成都，开启一场收获满满的研学之旅吧！

- 提起成都，你能想到的最具代表性的诗人和诗句。

- 多观察，旅途结束后写下你的旅途见闻。

- 分享旅途中最受触动的一件事。

- 对照课本，了解成都的历史和文化，谈谈自己的感受。

......

07

其他

完成挑战

06

- ☐ 喝一杯盖碗茶
- ☐ 体验一日大熊猫保育员的工作
- ☐ 制作一件蜀绣作品
- ☐ 学做一道川菜
- ☐ 学会背诵《蜀道难》

你还想完成什么挑战，来补充吧！

研学目标

计划自己的研学路线

05

认识成都
了解成都的地理位置与地理风貌。

历史追踪
揭秘成都的前世今生，了解从"龟化城"到"芙蓉城"的历史演变。

遇见文人
在成都寻找课本里的文人雅士。

城市魅力
游览城市景观，探寻成都的"人间烟火气"。

非遗传承
了解成都古老非遗技艺，做非遗传承少年。

博览通识
探索成都各大著名博物馆，寻找古蜀文明。

地理位置：
中国西南地区，位于四川盆地西部

气候：
亚热带季风气候区，热量充足，雨量丰富，四季分明，雨热同期

区划：
全市辖 12 区 3 县

面积：
14335 平方千米

人口：
常住人口 2140.3 万（2023 年末）

战国时期蜀郡守李冰主持修建都江堰水利工程，为成都平原成为"天府之国"奠定了坚实的基础。

古蜀文明
重要发源地

早在距今约4500年至3700年以前，成都平原已出现被后世称为"宝墩文化"的一系列古蜀先民聚落中心。

世界美食之都

成都是亚洲第一个获得联合国教科文组织授予"美食之都"称号的城市。

天府之国中心

"蜀戏冠天下"

川剧古称蜀戏，是四川的传统剧种，川剧有三大绝技：变脸、吐火、滚灯。

东经 102°54'~104°53'
北纬 30°05'~31°26'

地处四川盆地西部边缘，地势由西北向东南倾斜。

成都的山有着"高、险、奇、秀、幽"的特点。

"蜀道之难，难于上青天！"

两汉时期西南地区最大的商品交易活动中心。

第一印象·遇

大熊猫的故乡

见成都

南方丝绸之路起点

两汉时期成都"列备五都"，是仅次于长安的全国第二大商业都会。不仅是西南地区最大的商品交易活动中心，还是"南方丝绸之路"的起点和重要口岸。

川菜——中国八大菜系之一

川菜调味多变，菜式多样，清鲜与醇浓并重，善用麻辣。

夫妻肺片、毛血旺、水煮鱼

都是川菜的代表作。

扬一益二

益州是成都的古称。

在唐代，以成都为中心的"剑南西川道"是全国最富庶的地区之一。

公元前 316 年，秦灭蜀，设蜀郡并成都县。

《华阳国志·蜀志》："惠王二十七年（前 311）仪与若城成都，周回十二里，高七丈。"

这是成都有文献记载的城市规划与建设之始，距今已有 2300 多年，自秦建都城以来城址不迁、城名不改。

市花——芙蓉花

后蜀主孟昶曾下令在成都城墙上遍植芙蓉，成都因此得到了"芙蓉城"的别称。

"晓看红湿处，花重锦官城。"

成都因出现专门织造蜀锦的官营作坊"锦官城"，因此成都也被称为"锦官城""锦城"。

竹文化
底蕴深厚

成都的望江楼公园是我国人工栽培竹类历史最长、收集最早的竹种植园，园内有竹子 500 多种。成都还有着历史悠久的瓷胎竹编，是成都地区独特的传统手工艺品。

在四川盆地西部边缘，作为"天府之国"四川省省会的成都，有着丰富的自然资源、历史遗迹和令人垂涎的美食，是一座融合了自然之美、历史之韵与美食之味的城市。

走遍成都

都江堰水利工程 15

17 **宫保鸡丁**

10

成都西站

07

都江堰中华大熊猫苑

成都杜甫草堂博物馆

宽窄巷子

05

06 03

04

08 12 01 14

蜀绣

13

02

成都市漆器工艺厂

11

成都双流国际机场

成都武侯祠博物馆

成都有两个国际机场，分别是成都双流国际机场和成都天府国际机场。其中成都双流国际机场离市区更近一些。

01 成都博物馆

02 成都武侯祠博物馆

03 宽窄巷子

04 成都杜甫草堂博物馆

05 蜀艺剧院

06 青羊宫

07 成都金沙遗址博物馆

08 成都蜀锦织绣博物馆

广汉三星堆博物馆

变脸

成都自然博物馆

成都东站

广汉三星堆博物馆位于三星堆遗址东北角，是一座现代化的专题性遗址博物馆。

截至2024年6月，成都一共有196座博物馆，其中国家级的博物馆有26座。

09 广汉三星堆博物馆

10 都江堰中华大熊猫苑

11 大邑刘氏庄园博物馆

12 成都市人民公园

13 成都市漆器工艺厂

14 中国皮影博物馆
（在成都博物馆内）

15 都江堰水利工程

16 成都自然博物馆

17 成都川菜博物馆

探索川府大地*

被山包围的川府大地

在我国西南部，四川盆地宛若一块碧玉，安然卧于崇山峻岭之中。它四周是海拔两千至三千米的山脉：北有大巴山、米仓山、龙门山三座大山，西依青藏高原邛崃山、大凉山的雄浑臂弯，南靠大娄山的坚实屏障，东临巫山的俊秀身影，这些山脉共同绘制出四川盆地的生态画卷。

让我们跟随大自然的脚步，一起走进四川盆地，去感受四川的山川壮美，细细品味这片土地上的风土人情。

蜀道之难，难于上青天！

数读四川

东部年均温 16～18℃，西南部年均温 12～20℃，西北部年均温 4～12℃

区划 **21** 个地级行政区

常住人口 **8368.0** 万（2023年）

面积 **48.6** 万平方千米

奔腾过佛脚，旷荡造平川。

盆地探秘：诗中的天府奇观

四川盆地坐落于我国的西南部，四周高，中间低，使得盆地内气温适中，降水丰沛。这里聚居着四川省和重庆市的大部分人口，是我国人口最稠密的区域之一。作为巴蜀文化的摇篮，四川独特的地理气候吸引了诸多外来游客。

诗人李白的"蜀道之难，难于上青天"的描述让我们对蜀地的险峻有了更深的体会，而苏轼的"奔腾过佛脚，旷荡造平川"则描绘了四川盆地内沃野千里，河流纵横的景象。

群山环抱：四川的天然守护神

四川盆地周围环绕的壮丽山脉犹如天然的守护神，守护着这片富饶的土地。

北部山脉

四川北部是大巴山脉，又名巴山，其山势宛若苍龙腾跃，作为四川盆地与北国平原的自然分界线，大巴山气势磅礴。

米仓山位于汉江与嘉陵江的分水岭之上，相传楚汉年间，巴蜀之地战事稀少，农业生产力未遭到破坏，遂有仓廪充实的"天府粮仓"之称，汉高祖刘邦因此迁徙关中百姓至蜀地，成就了"米仓山"之名。

紧邻米仓山的是龙门山脉，主峰九顶山海拔高达 4984 米。

东部山脉

"曾经沧海难为水，除却巫山不是云。"这不仅是文人墨客笔下的情感流露，也是对四川东部巫山风光的绝妙比喻。巫山的喀斯特地貌奇崛壮丽，自然风光旖旎迷人，吸引了无数游人前来观赏。

环绕四川盆地的连绵山脉，宛如大自然布置的环形剧场，不仅勾勒出四川举世无双的地貌轮廓，也激发了人类对这片神秘土地无尽的好奇与探索欲。每一座山峦，每一道峡谷，都等待着我们去游历。

曾经沧海难为水，除却巫山不是云。

川西地势

云横秦岭家何在？雪拥蓝关马不前。

秋季的大巴山

西部山脉

西部的邛崃山是四川盆地和青藏高原的界山，主峰四姑娘山以 6250 米的海拔闻名遐迩，成为四川群峰中的佼佼者。海拔 5000 米以上的冰雪世界中，现代冰川与古冰川的痕迹交织，诉说着地球古老的秘密。

大凉山以山高气寒而得名，这里是全国最大的彝族聚居地。

南部山脉

接下来，我们转向南部的大娄山，它是贵州高原和四川盆地的界山，主体位于贵州省，"北拒巴蜀，南扼黔桂"，自古便是军事咽喉之地，战略意义非凡。在这片土地上，气候温和，阳光充沛，稻、麦、油菜，满目金黄，农作物得以一年两收。

终年积雪的四姑娘山

好雨知时节，当春乃发生。
随风潜入夜，润物细无声。

气候之谜：多变的天府风情

四川盆地处于亚热带季风湿润气候区，四季分明。冬日温暖远离酷寒，夏季由于雨水充沛，空气中总带着一丝凉爽。

更神奇的是，四川盆地的气候呈现出显著的垂直变化。随着山峦起伏，海拔升高，气温随之徐徐下降，降水更加丰沛。这种气候的垂直变化，使得盆地内出现了各种自然景观，从低海拔的亚热带常绿阔叶林，到高海拔的针叶林和高山草甸，都可以一览无余。

蜀天常夜雨，江槛已朝晴。

四时积雪不曾消，春来尽作巴江水。

断陷湖

断陷湖是由地壳断裂下陷形成的湖泊，通常形状狭长、水深、湖岸陡峭。比如云南的滇池、青海的青海湖，都是断陷湖。

水的交响乐：四川有哪四条河

四川盆地内水系发达，河流纵横交错，**长江、岷江、嘉陵江、沱江**蜿蜒流淌，为盆地内的农业生产提供了源源不断的水源，也带来了丰富的渔业资源。

岷江源自岷山南麓，以北向南之姿优雅穿梭于富饶的成都平原，长度约753千米，最终在宜宾与金沙江汇合。金沙江是长江的上游，宋代因为河中出现沙金而得此雅称。

嘉陵江源自秦岭西北边陲，它不仅是长江流域中流域面积最广的支流，也因其物流集散地的优势，成为名副其实的"水上黄金路"，是四川的重要航道之一。

嘉陵江

泸沽湖

沱江，虽在水量上稍逊其他三条河流，但它几乎贯穿四川盆地全境，让其他河流难以望其项背。

除了大江之外，四川还有许多湖泊和沼泽地。

泸沽湖位于四川盐源县与云南宁蒗县交界处，湖面海拔为2690.8米，面积51.3平方千米。泸沽湖属高原断层溶蚀陷落湖泊，以其独特的摩梭文化而著称。

位于广安市华蓥山的天池湖是四川盆地中面积最大、海拔最高的高山湖泊。传说玉帝的三女儿在天宫化妆时，为华蓥山的绮丽风光所倾倒，不慎失手将其珍爱的玉镜跌落凡间，于是人间便有了这如梦似幻的天池湖。

摩梭人

摩梭文化

摩梭文化来源于摩梭人，以母系家庭为核心。在母系家庭中，母亲是轴心，女性享有尊贵地位。家庭成员包括母亲、兄弟姐妹等，孩子归母亲家庭抚养，血缘和财产按母系继承。

研学
新知

红军长征路过的岷山

1935年10月，毛泽东率领中国工农红军第一方面军的第一军和第三军越过岷山，并写下了《七律·长征》，其中写道："金沙水拍云崖暖，大渡桥横铁索寒。更喜岷山千里雪，三军过后尽开颜。"

岷山横亘于四川西北部，延绵500千米有余，不仅是自然造化的宏伟屏障，更是大熊猫与川金丝猴等珍稀生灵的庇护所，其域内有九寨沟、黄龙等著名景点。尤其是九寨沟，距成都400多千米之遥，作为国家AAAAA级景区，无数旅人慕名而至。

金沙水拍云崖暖，大渡桥横铁索寒。更喜岷山千里雪，三军过后尽开颜。

巴山蜀水，天府之国

成都位于四川盆地西部，当地俗称成都为"川西坝子"。西面是龙门山脉，南面是邛崃山脉，从北向南纵贯东部的是龙泉山脉，换句话说，环蓉皆山也。

成都境内地貌特征丰富，平地、丘陵、高山，各占三分之一。气候也随着地形变魔术，热的热，凉的凉，形成温差明显的垂直气候带。

研学地点

成都

研学关键词

青城山，西岭雪山，锦江

研学目标

探索成都丰富的山水景观，了解青城山等景点特色，思考人与自然和谐共处的智慧

研学思考

如何借鉴古人的智慧解决现代社会的环保问题？

群山巍峨，生机盎然

在成都，山巅白雪皑皑，山脚百花争艳。四周山峦紧紧相依，清澈碧波穿城而过，绘就一幅灵动的画卷。

踏上登山之旅，极目远望，或是随溪流悠游，都契合了在这座城市漫游的悠然心境，让人在动静之间，尽享成都的闲适之美。

成都的山脉各具特色，有贯穿南北的龙泉山脉，有"天下幽"的青城山，有高耸挺拔的西岭雪山。

龙泉山脉

龙泉山脉呈南北走向，它是岷江和沱江的界山，把成都平原和川中丘陵自然地分了家。龙泉山脉最高峰长松山的海拔约有 1051 米。

龙泉山脉的美景多得很，云顶山、北周文王碑、黑龙滩水库、龙泉山城市森林公园等都榜上有名。比如云顶山有"云顶晴岚"的美名，是古代战争的要塞，宋元时期，南宋曾在此筑城，坚守十五年之久。

日出时分的龙泉山

青城山

四川有"四绝"：剑门天下险，青城天下幽，峨眉天下秀，九寨天下奇。

其中"四绝"之一的青城山作为道教的发源地之一，坐落于都江堰市西南隅，距成都市区大约有68千米，乘坐高铁可直达，非常便捷。

"自为青城客，不唾青城地。为爱丈人山，丹梯近幽意。"杜甫诗中一个"幽"字，道尽青城山的精髓所在。

青城山四季如春，林木葱郁，建福宫、月城湖、上清宫、老君阁等名胜，如珠链般镶嵌于山间，各展风华。

自为青城客，不唾青城地。为爱丈人山，丹梯近幽意。

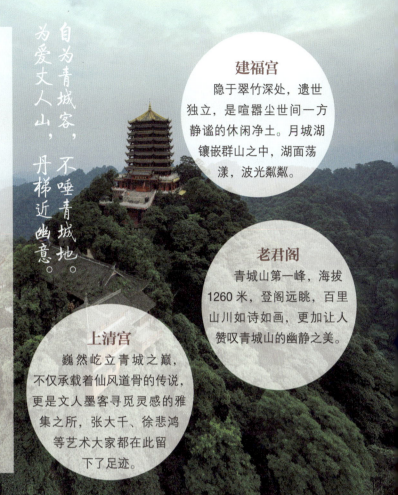

建福宫
隐于翠竹深处，遗世独立，是喧嚣尘世间一方静谧的休闲净土。月城湖镶嵌群山之中，湖面荡漾，波光粼粼。

老君阁
青城山第一峰，海拔1260米，登阁远眺，百里山川如诗如画，更加让人赞叹青城山的幽静之美。

上清宫
巍然屹立青城之巅，不仅承载着仙风道骨的传说，更是文人墨客寻觅灵感的雅集之所，张大千、徐悲鸿等艺术大家都在此留下了足迹。

西岭雪山

除却青城之幽，杜甫笔下的"窗含西岭千秋雪"，也让西岭雪山的旷世奇景成为世代传颂的佳话。

西岭雪山傲立于四川省大邑县西陲，攀登此山，最适合的方式莫过于搭乘索道，缓缓穿行于云雾之间。西岭雪山索道分作两程，每段旅程都为旅人提供了充分的时间，细细品味沿途变换的风景。

映雪湖是西岭雪山的一大核心地带，在观光车站可以购买去往映雪湖畔的车票，湖光山色交相辉映，美不胜收。从映雪湖畔继续前行，就踏入海拔超过3000米的高山区，原始森林茂密，雪山巍峨，云海翻腾，犹如仙境。西岭雪山中的日月坪区域是观赏云海的极佳地点。

窗含西岭千秋雪

夏日的映雪湖畔

从日月坪至阴阳界，路径渐趋平缓，沿途自然风光旖旎，冬日晴空下，更有机会远眺成都境内最高的大雪塘。行进间，活泼的小松鼠在林间跳跃嬉戏，为这趟旅行增添了几分灵动与趣味。

阴阳界的山脊两侧景象迥异，左望晴空万里，右瞰云雾缭绕，阴阳分明，引人无限遐想。

所以，当你来到成都，一定要去感受一下群山巍峨的壮观，它会让你陶醉在大自然的怀抱中，消解疲惫，忘却所有的烦恼。

西岭雪山航拍图

府河与南河自 2005 年以来统称锦江。

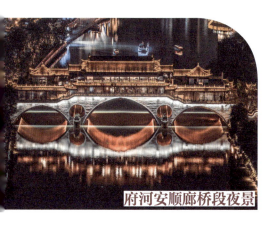

府河安顺廊桥段夜景

蜀水潺潺，润泽万物

成都坐落于岷江与沱江的润泽之地，其中岷江作为成都主要水源，不仅资源丰沛，而且方便使用，为城市的蓬勃发展奠定了水利基础。成都市内的河流，则以府河与南河最具代表性。

府河，被誉为成都的"生命之河"，又称内江、濯锦江，发源于郫都石堤堰，穿梭金牛、锦江、天府新区等地，最终在彭山区汇入岷江的怀抱，全程见证了成都的繁荣与发展。

南河则是都江堰从岷江分流而出，初期为走马河，在郫县一分为二，到成都西郊又重新汇聚为南河。其水势相较于府河更为活泼，沿岸生态湿地星罗棋布，被誉为"成都的后花园"。

府南双河，不仅是大自然的恩赐，还深深植根于成都的文化肌理之中。夜间，城市灯火阑珊，两河水面光影交错，吸引无数游人驻足欣赏，那流淌千年的韵味令人沉醉。

山水相依，文化传承

唐代诗人李白在《上皇西巡南京歌十首》中颂扬成都："九天开出一成都，万户千门入画图。"时至今日，成都的山水风光依然是文人墨客的灵感源泉。作家阿来在他的创作过程中，足迹踏遍乡野，与当地民众亲切交流，在作品中巧妙融入成都的山川景致，洋溢着难以复制的地方风情。

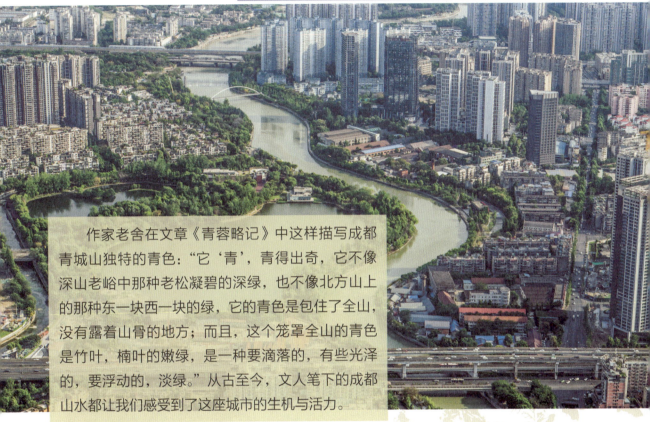

弯弯的锦江，经望江楼公园在其侧畔形成了沼泽湿地——东湖公园。

作家老舍在文章《青蓉略记》中这样描写成都青城山独特的青色："它'青'，青得出奇，它不像深山老峪中那种老松凝碧的深绿，也不像北方山上的那种东一块西一块的绿，它的青色是包住了全山，没有露着山骨的地方；而且，这个笼罩全山的青色是竹叶，楠叶的嫩绿，是一种要滴落的，有些光泽的，要浮动的，淡绿。"从古至今，文人笔下的成都山水都让我们感受到了这座城市的生机与活力。

研学新知

成都市花：芙蓉花

1983 年，芙蓉花被定为成都市市花，其花朵硕大艳丽，赢得了市民们的一致青睐。

追溯至五代，传说后蜀主孟昶的妃子"花蕊夫人"对芙蓉情有独钟，孟昶为博美人一笑，下令遍植芙蓉于成都城墙。翌年秋，城郭内外四十里花开如海，孟昶携"花蕊夫人"在城楼上共赏木芙蓉，成都因而赢得了"芙蓉城"的雅号。

时至今日，在成都百花潭公园、浣花溪公园、人民公园等地方，皆可见芙蓉花的绰约风姿，续写着与成都的不解之缘。

千年前的水利工程奇迹

都江堰水利工程建于公元前256年秦昭襄王时期，是当时蜀郡太守李冰父子组织建造的大型水利工程，被誉为"独奇千古"的"镇川之宝"。都江堰在几千年的光阴里，为旱涝无常的成都平原提供了庇护，让成都成了"天府之国"。

研学地点
都江堰水利工程风景区

研学关键词
古代大型水利工程，都江堰

研学目标
了解都江堰水利工程的建造历史及其结构

课堂链接
历史教材七年级上册：第6课 战国时期的社会变革

研学思考
都江堰水利工程的建成对四川省产生了怎样的影响？

为什么要建都江堰

秦昭襄王末年，李冰收到秦昭襄王的诏书，派他到当时还是蛮荒之地的蜀郡当太守。到了蜀郡之后，李冰发现当地水旱灾害非常严重，由于岷江两岸山谷高深，水流湍急，流入到成都平原时水势浩大，泛滥成灾；并且从上游带来的泥沙堆积，让河床变高，加剧水患，一到夏季，总是"东涝西旱"，非常影响当地居民的生活。李冰到任之后开始进行大规模的治水工作，决定在岷江上修建一座防洪、灌溉、航运兼用的大型综合水利工程，这就是都江堰水利工程。

宝瓶引水口
是内江进水的咽喉，宝瓶口的水尺和古水则是内江能够"水旱从人"的关键水利设施。

内江

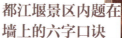

都江堰景区内题在墙上的六字口诀

六字口诀巧治岷江

李冰父子建造的都江堰水利工程，利用江河出山口处的特殊地形、水脉、水势，仅仅用了"深淘滩，低作堰"这六个字，便将凶悍的岷江治理得服服帖帖。都江堰水利工程由鱼嘴分水堤、飞沙堰溢洪道、宝瓶口引水口三大主体工程，以及百丈堤、人字堤等附属工程构成。这些结构各自分工明确，至今仍在自己的岗位上各司其职，让都江堰水利工程能够正常使用。

认识都江堰

飞沙堰溢洪道
飞沙堰主要起到拦水、分洪、排沙的作用，利用离心力将岷江水中近八分的泥沙排向了外江。

外江

鱼嘴分水堤近景
在 2008 年汶川地震中都江堰虽然身处震区，但是没有垮塌和损毁、主要的三个部分基本完好。

鱼嘴分水堤
都江堰的分水工程，将岷江分为内江和外江两个部分，因形状非常像鱼嘴的形状，所以叫作鱼嘴分水堤。分开的内外江各尽其责，外江负责排泄洪水，而内江负责灌溉田地。

横跨都江堰的安澜桥

都江堰不仅有着奇迹般的水利工程，还有其他景点值得一看。横跨都江堰的安澜桥是我国著名的五大古桥之一，它横跨在内江和外江的分水处，不仅是古代四川西部与阿坝之间的商业要道，更是藏族、汉族、羌族同胞联系的纽带。

关于安澜桥还有一段故事，清朝的时候有一对何氏夫妇倡议修建竹索桥，让两岸行人可以安渡狂澜，故桥名为"安澜桥"。民间为了纪念何氏夫妇做出的贡献，将安澜桥又称作"夫妻桥"。

安澜桥

ⓛ 数读都江堰

渠首占地
200 余亩

灌溉面积
1154.8 万亩
（2024 年 3 月数据）

灌区遍布四川 8 市
41 个县（市、区）

研学新知

宝瓶口的开凿与"热胀冷缩"原理

李冰在凿开宝瓶口的时候，利用了物体"热胀冷缩"的原理。李冰带领百姓用火烧岩石，在岩石被烧得滚烫之后就地取材，迅速浇上江水让石头冷却，温度的骤然变化让石头开裂，再用工具凿打，这样就在玉垒山上开凿了一道引水口，这就是宝瓶口。

春水流过宝瓶口

勇闯动植物天堂

欢迎踏入成都的自然秘境，这里是大熊猫的故乡，是古木参天与繁华都市并存的绿色奇迹。让我们携手踏上旅程，探索自然界的奥秘，聆听生命的低语，收获成长的喜悦。

成都市区内绿树成荫，公园遍布，大熊猫繁育研究基地、青城山等旅游胜地更是动植物的天堂，这些动植物与锦里、宽窄巷子等历史文化街区交相辉映，形成了独特的城市风貌。

研学地点
成都大熊猫繁育研究基地，成都文化公园

研学关键词
生物多样性，自然观察，植物科普

研学目标
通过实地考察，对成都的动植物有一定的基本认知，拓宽自然科学视野

研学思考
我们能为保护古树做些什么？

动物王国大冒险

萌态可掬大熊猫

大熊猫在地球已经生活了至少 800 万年，既是 "活化石"，又是中国 "国宝"。

说到成都的动物，怎么能不提大熊猫呢？

它们生来便与竹林结缘，日啖竹叶，乐此不疲。由于大熊猫没有食草动物的消化系统，吃竹子讲究 "快吃快拉、随吃随拉"。至于圈养下的大熊猫宝宝，也是以竹子为主食，辅以谷物细作的精粮，营养均衡，日子倒也惬意。

在成都大熊猫繁育研究基地和都江堰中华大熊猫苑等处，可以近距离观察大熊猫的生活，看它们悠闲地啃竹子、打滚，憨态可掬，尽情展现着 "慢生活" 的态度！

森林精灵川金丝猴

　　除了大熊猫，成都周边还栖息着许多珍稀动物。在都江堰的龙溪—虹口国家级自然保护区，活泼可爱的川金丝猴是森林中最可爱的小精灵，这些小精灵体长约为 70 厘米，脸部呈蓝灰色到灰白色，肩背上的长毛为金色，主要在树上活动，很少下地，是世界上最漂亮的猴子之一。

　　不同于其他地区的金丝猴，川金丝猴的食性很杂，以植物性食物为主，会食用很多植物的芽、皮和果实等，偶尔将鸟类、鸟卵、小型动物昆虫纳入食谱。

国内有川金丝猴、黔金丝猴和滇金丝猴共三种，其中川金丝猴的毛色最艳丽。

 羚牛　 金钱豹　 云豹

 小熊猫

黑颈鹤　## 其他珍稀动物

雪豹

　　成都还分布着羚牛、小熊猫、黑颈鹤等珍稀动物，大熊猫国家公园中还有云豹、金钱豹、雪豹等国家一级重点保护野生动物，国家二级重点保护野生动物更是有 **134 种** 之多。这些野生动物为这片土地增添了无尽的生机与活力。

植物王国的奇妙之旅

守护成都的千年古树

　　在成都及其周边的古老山林中，隐藏着许多千年古树。它们经历了数千年的风雨洗礼，依然屹立不倒，枝繁叶茂，为周围的生物提供了栖息的家园。

　　成都的市树 001 号天师洞银杏是当之无愧的国宝级古树。相传为道教创始人张道陵亲手种下，故名为"天师洞银杏"。树龄 1900 多年，胸径 2.52 米，树高约 20 米，需五六人牵手才能围拢，是青城山的"镇山之宝"。

成都百花潭公园的唐代银杏也是有着 1700 多岁树龄的古树，雅号"白果大仙"。

龙泉驿长松寺的银杏则有"龙树"之称，为"长松山八景"之首，树龄约 1500 多年，树的胸围 8.4 米，树高约 25.5 米。该树为长松寺建寺之初栽植。

梨花
三角梅
杜鹃
桃花
蓝花楹
睡莲
郁金香
春娟

五彩斑斓的花海

蓉城无处不飞花，成都是名副其实的花海。每到春夏季节，漫山遍野的杜鹃、桃花、梨花等各种花卉竞相开放，或红或白，或粉或紫，色彩鲜艳，香气扑鼻。

成都文化公园每年三四月举办花会展览，青砖黛瓦，姹紫嫣红，绿叶红花数之不尽，蓝花楹、三角梅、睡莲、郁金香、春娟组成一望无际的花海，瞬间治愈所有不开心。

春天的成都锦江两岸盛开的泡桐花

都江堰熊猫谷中种植的珙桐

珍稀植物的宝库

成都周边还蕴藏着丰富的珍稀植物资源，即使在闹市中，也可以看到珙桐、红豆杉等植物。

珙桐被称为"中国鸽子树"，它在地球上已经生活了超过 1000 万年，被称为植物界的"活化石"。珙桐的花朵是两片大大的白色苞片，形状像鸽子的翅膀，中间托着一个像鸽头的花序，微风吹过，像一群白鸽在枝头轻轻拍打着翅膀。

初冬，文殊院的银杏树一片金黄。

红豆杉的叶子四季常绿，排列得整整齐齐，秋天会长出樱桃大小的红色豆形果实，因此得名"红豆杉"。红豆杉生长缓慢，且数量稀少，又被称作"植物界的大熊猫"，比如鹤鸣镇接王寺的红豆杉于东汉恒帝永寿四年（158）种植，距今已有1800多年的历史了。

到了初冬时节，成都的银杏开始迎来高光时刻，百花潭公园北门的唐代银杏树龄上千年，望江楼公园内的古银杏和古建筑相映成趣，双流区活水公园有长达1000米的银杏长廊，武侯祠的银杏衬托着红色建筑。在这些地方打卡银杏，效果绝佳。

这些珍稀植物不仅具有很高的观赏价值，还为人类提供了宝贵的资源，让我们意识到，正是这些美丽的动植物，让地球成为一个充满生机与活力的世界。

研学新知

"六不像"是什么动物？

"六不像"指的是羚牛，又称扭角羚。它以草为食，和大熊猫、金丝猴被称为高山林区的三大珍稀动物。

但羚牛又不是牛，它属于牛科羊亚科，分类上更接近羚羊。因其综合了牛、羊、马、鹿等动物的外貌特征，故得名"六不像"。

我喜欢在晨昏和夜间活动。

大熊猫饲养员的日常工作

守护大熊猫，需要确保它们能在野外茁壮成长，维系一个健康、稳定的种群，让大熊猫在大自然中发挥不可替代的作用。

大熊猫饲养员的一天是忙碌的，涉及大熊猫的饮食、起居、健康等，让我们来看看饲养员平时具体都在干什么吧。

维护圈舍清洁

大熊猫的食谱自然纯净，以鲜竹为主，辅以少量水果及特制窝窝头，所以大熊猫粪便没有什么异味。饲养员在为大熊猫打扫笼舍时，需要记录大熊猫粪便的重量、形状、颜色等，根据粪便的情况来判断大熊猫的健康状态。

为国宝准备餐食

大熊猫的生活哲学简约至极，吃了睡，睡了吃。饲养员会为它们准备竹子、竹笋、精饲料、水果，还有为大熊猫特别制作的大熊猫窝窝头。这个窝窝头可跟我们平时吃的不一样，大熊猫食用的是用玉米、大豆、大米等原料制作，专门用来为大熊猫补充营养的一种窝窝头。

动物园为了给两只大熊猫星星和辰辰过生日，特地准备了"生日蛋糕"。

对大熊猫进行健康监测

照顾大熊猫离不开饲养员每日的仔细观察。饲养员每天都要集中精神观察每一只大熊猫的身体和精神状态，看看它们是否正常进食、睡觉，是否有精神和同伴玩闹。除此之外还要定期给大熊猫称重、驱虫。

为大熊猫丰容[注]及进行行为训练

饲养员为了大熊猫能够健康地生活，会变着花样的给它们丰容。比如给竹筒打洞，将食物放在里面，增加取食难度；或者是给大熊猫住的地方增添新的设施与玩具，让它们的生活更加丰富多彩。而行为训练是为了让大熊猫与人建立互相信任的关系，方便日常的生活管理以及健康检查。

[注]丰容：为了满足圈养野生动物的心理、生理需求，丰富动物的生活内容，展示动物自然行为而采取的系列措施。丰容能够减少动物的焦虑、恐惧，让动物生活得更加自在。

大熊猫饲养员的工作看起来很轻松，可以和这些"萌物"打交道，但是实际上饲养员要做的工作非常复杂和精细。成为一名饲养员，需要能吃苦耐劳，要细心，要有责任心、有耐心，以及一颗热爱大熊猫、保护大熊猫的心。

趴在吊桥上的大熊猫

关于大熊猫的冷知识，你知道多少？

1. 大熊猫竟然有指纹

◆ 大熊猫的爪子上也长有与人类似的指纹纹路，这在动物界极为罕见。而且它们的爪上有6根指头，其中一根指头没有指甲，叫作"伪拇指"，可以帮助它们更好地抓握食物。

2. 大熊猫的黑眼圈是熬夜导致的吗？

◆ 大熊猫的标志性黑眼圈并非与生俱来。刚出生三天的大熊猫幼崽就没有黑眼圈，直至第四日才隐约可见黑眼圈的轮廓，之后这对黑眼圈逐步加深，最终成为大熊猫独有的符号。大熊猫的黑眼圈可以有效削弱刺目光线，过滤掉有害的紫外线。更为奇妙的是，每一只大熊猫的黑眼圈都独一无二，成为它们彼此间辨认同伴的印记。

3. 大熊猫的慢生活哲学

◆ 大熊猫大部分时间都在进食和休息中度过。它们的新陈代谢率相对较低，这种低能耗的生活方式是它们适应低营养食物（竹子）的一种策略。

4. 大熊猫吃肉吗？

◆ 大熊猫虽然属于食肉目熊科，但却是杂食性动物，它们的祖先确实是吃肉的。但现在大熊猫几乎完全以竹子为食，只会偶尔吃些竹鼠等小型动物。

叹一声龟城传奇

成都作为古蜀文明的摇篮，在距今约 4500 年至 3700 年间，"宝墩文化"便在此地见证了古蜀先民的智慧。3000 多年城址不迁、2500 多年城名不改，成都以其深厚的历史底蕴与绚烂的文化光芒，跨越时空，享誉四海。让我们循着历史的脉络，一同踏上探秘成都历史的时光之旅。

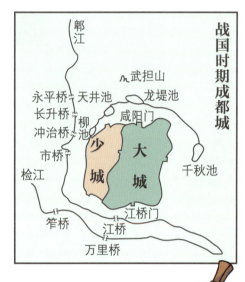

战国时期成都城

郫江
武担山
天井池 龙堤池
永平桥 咸阳门
长升桥 柳池
冲治桥 少城 大城
市桥 千秋池
检江
江桥门
笮桥 江桥
万里桥

秦灭蜀国，一统天下

公元前 316 年，强大的秦国征服了蜀国。成都平原沃野千里，蜀人的粮仓与秦人的军队结合，成了秦国统一六国的利器。

为了加强对蜀地的管理，秦国在此设立了蜀郡。成都作为蜀郡的治所，成为连接中原与西南的重要交通枢纽，也是秦国在西南地区的重要政治、经济和文化中心。

公元前 310 年，秦王令张仪、张若筑成都城，张仪根据成都平原的地形地貌的特点，巧妙地设计出了"**大城**"和"**少城**"两个部分。

研学地点

成都

研学关键词

古蜀文明，龟化城，张仪，三国

研学目标

了解历史上蜀国的历史背景，了解成都龟化城的传说

研学思考

你还知道哪些城市在建造时的传说故事？

研学
新知

张仪其人

张仪以"连横之策"闻名于各诸侯国，曾和苏秦一起向鬼谷子学习游说之术，任秦相之后，分化合纵，蚕食列国领土，攻克巴蜀，使秦国的领土几乎扩大了一倍。

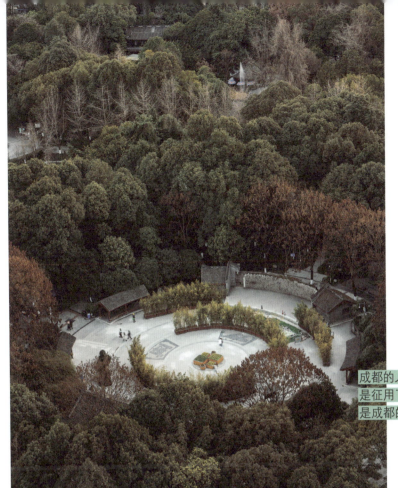

大城位于东边，作为军事政治中心，城墙上设有作战的观楼和射栏，规制皆与秦国国都咸阳相同；少城位于西边，作为经济贸易中心，终日熙熙攘攘，热闹无比，成都城的大小商贾皆云集于此，店肆林立，观游者络绎不绝。

成都的人民公园曾经叫作少城公园，是征用了原少城内的土地建造的，是成都的第一座公园。

与咸阳"同制"的成都

秦时期的都城是咸阳，与处于蜀地的成都有着几百千米的距离。秦占领蜀地之后，开始在政治、经济上推行秦国制度，"营广府舍，置盐、铁、市官并长丞；修整里阓，市张列肆，与咸阳同制。"修建府衙，专设盐官、铁官，建设市场，专设市官长丞，收取商税，与都城咸阳的制度达成了统一。

———————————

[注]《搜神记》卷十三：秦惠王二十七年，使张仪筑成都城，屡颓。忽有大龟浮于江，至东子城东南隅而毙。仪以问巫。巫曰："依龟筑之。"便就，故名龟化城。

研学拓展

"龟城"成都，传奇烙印

关于成都，有一个广为流传的传说。公元前 310 年，秦王令张仪、张若筑成都城。修筑伊始，张仪就遇到了麻烦。城墙无论在哪里修筑，刚一筑成，随即崩塌，反复几次，仍旧如此。众人正觉得奇怪时，忽然有大龟浮于江，爬至城东南方向一命呜呼。[注]在巫师的授意下，张仪令工匠沿大龟爬行的痕迹砌墙，果然一筑而就。由于大龟爬行的痕迹弯弯曲曲，不方不圆，筑成的城墙便也没那么规则，整座城市看起来就像一只大龟，因此成都也被称为"龟化城"。

秦之后成都的历史变迁

唐

唐代成都的手工业尤为发达，织锦、造纸和雕版印刷技术遥遥领先于其他城市。手工业的繁荣为成都带来了巨大的商机，手工制品通过陆路和水路向外输送，"门泊东吴万里船"就是对当时水路盛况最好的写照。因此，扬州与成都成为了除长安外全国最繁华的城市，两座城市以商业繁荣和富庶闻名天下，并称"扬一益二"，杜甫、李白、白居易等文人都曾在这里留下千古传诵的诗篇。

汉

汉代，成都成为全国第二大商业都会。丝绸之路的开通，使得成都的丝绸、茶叶等商品远销海外，为成都的经济发展注入了新的活力。汉景帝末年，蜀郡太守文翁在全国首先创办郡学，创建"石室精舍"，促进了成都文化的发展。

文翁石室现为成都石室中学。虽然校名多次变更，但是校址从来没有改过，是一所可以称之为"中国标本"的千年名校。

明

明代之初，大城与少城相继重建，重现繁华，城中心傲然矗立起蜀王府。蜀王府是以南京故宫为蓝本，缩小规制而建，世人俗称"成都皇城"，这也标志着中央权力在成都的再度复兴。在明末，成都还有个短暂的别称名为"西京"。

蜀王府是明代最富丽的藩王府之一，北起东西御河，南到红照壁，东至东华门，西达西华门。现只留部分遗址在东华门遗址公园内。

东华门遗址公园内的蜀王府遗址

清

明末至清初，连绵战火几乎将这座历史名城化为灰烬。历经康熙、雍正、乾隆三朝，一众封疆大吏对成都展开了跨越百年的重建工程，终于抹平战争的疮痕，让成都在废墟之上绽放出新的活力。其中明代的蜀王府被改造成了贡院。

五代十国

五代十国之时，前蜀王朝新建宫城，彰显皇家气派；后蜀则精心构筑羊马城以加强防御。相传，后蜀君主孟昶的爱妃花蕊夫人，尤爱芙蓉之清雅，孟昶遂倡令民间于羊马城垣遍植芙蓉，自此，成都又被称之为"蓉城"。

芙蓉在夏末秋初盛开，每年10月，天府芙蓉园都会举办天府芙蓉花节。

元

及至宋末元初，烽火连天，成都一度遭受重创。在元代成都城市人口中，既有汉族，也有蒙古族、回族等少数民族，成都因此开始成为多民族聚居的城市。

宋

宋平蜀之后，多次修缮成都城，尤其是对城墙的加固和扩展，同时街道突破了泥土路面，开始用砖铺路。成都经济高度发展，南宋李良臣曾描述成都"层楼复阁荡摩乎半空"，体现了当时城市的繁荣。

近现代

近现代，成都依然保持着它的繁荣和活力。中华人民共和国成立后，成都成为西南地区的重要城市之一。"少不入川，老不出蜀"，现代建筑与历史古建并存，一同展示着成都新的风貌。

 研学新知

世界上最早的纸币——交子

北宋初期，蜀地的人民还在使用铁钱，面值小重量大，携带十分不方便，交子这一纸质通货以此为契机诞生了。当时是作为商人在私人交子铺存款的凭证使用的，后来逐渐演变为有统一面额的纸质货币，由北宋朝廷监管，成立了益州交子务这一部门。

成都的"保护神"

公元前 256 至公元前 251 年间，李冰受秦昭襄王之命，担任蜀郡太守一职。彼时，岷江流域每逢雨季，洪涝肆虐，民不聊生。李冰洞察此患，汇聚民力，最终完成了都江堰的建设。都江堰将岷江水分引为内江与外江，既确保了洪水来时的大水从外江流去，又保证了旱季时内江水量适中，免受旱灾侵扰。

二王庙：李冰治水的八年

李冰历时八年，凿通离堆，引水灌溉，使成都平原成为富饶的"天府之国"。由于他的奉献精神与不朽功绩，被当地人尊为护佑一方的神明，大王庙、二王庙即是为了纪念李冰及其子而建。

大王庙位于四川什邡洛水镇朱家桥村。二王庙则依偎于岷江东岸的玉垒山麓，背倚青山，面临滔滔岷江。它的历史可追溯至南北朝时期，初名"崇德庙"，后经多次修缮与更名，最终于清代定名为"二王庙"。

在民间传说中，神话人物二郎神的原型是李冰之子，这些神话不仅仅是对治水英雄的纪念，也反映了人们对李冰父子的敬仰。

研学地点
都江堰伏龙观，二王庙

研学关键词
二王庙，李冰父子

研学目标
深入了解李冰父子在修建都江堰过程中的贡献

课堂链接
历史教材七年级上册：第 6 课　战国时期的社会变革

研学思考
都江堰的生态智慧还可以应用在哪些方面？

研学新知

有关李冰父子的传说

石牛镇海眼

古人认为，洪水是水里的蛟龙精怪在捣乱，称之为水精，而石犀牛或者石牛可以抵御水精。所以都江堰造好以后，李冰在江中放入五头石犀牛，用来抵御水精的侵害。

二郎锁孽龙

传说岷江有一条孽龙兴风作浪，百姓遭殃，流离失所。李冰为民除害，派儿子李二郎和孽龙大战，与黎山老母一起将孽龙锁在离堆下面的深潭里，这就是伏龙观的来历。

纪念李冰的伏龙观

李冰督造都江堰，领着大伙儿在玉垒山硬生生凿出一条引水道，那块儿被分开的小山丘，被唤作"离堆"。伏龙观就坐落在这个"离堆"之上，三面环水，殿阁凌云，成为一整片古建筑群。伏龙观早先叫"范贤馆"，始建于西晋末年，后来北宋时，为了纪念李冰的丰功伟绩，改名叫"伏龙观"。

据说伏龙观内藏着 461 条龙，除了随处可见的木雕龙、彩绘龙，也还有隐藏在屋檐下河梁柱后的彩蛋，在伏龙观中寻找隐藏的各种龙，也别有生趣。

四川博物馆的
李冰像（复制品）

故蜀郡李府君讳冰

观里分前、中、后三殿，各有千秋。前殿中央，李冰的石像静静伫立，石像用当地的砂岩雕琢而成，高近三米，气势不凡。胸前刻着"故蜀郡李府君讳冰"，算来已超过 1800 年。旁边还有栩栩如生的石刻水塘、石马、石俑，透着浓浓的地域风情。

中殿是一座过厅式的建筑，中间的飞龙鼎，制于咸丰年间，雕工精细，让人叹为观止。中殿到后殿用回廊连接，观景拍照，美不胜收。

从大王庙到伏龙观，到处都留下了李冰治水的实物见证，离堆公园里还能见到"竹笼""杩槎""卧铁"等治水工具，让人赞叹不已。

研学新知

朱李火堰：李冰生命的绝唱

春秋战国期间，源自九顶山的洛水时常肆虐什邡、广汉，造成当地农田损毁，生灵涂炭。李冰担任蜀郡太守后，历经无数日夜的考察与实践，发现热胀冷缩的原理，在建设过程中使用"火烧水激"的方法成功开凿瀑口。这一招"导洛通山"，不仅平息了沱江的汹涌怒潮，所筑朱李火堰（又称洛口堰）更与都江堰携手，将成都平原化作了千里沃土的"天府之国"。

丞相祠堂何处寻

在三国时期的蜀汉，有这样一位大臣，他辅佐刘备，创立蜀汉政权，刘备于成都称帝后，立他为丞相。"三顾频烦天下计，两朝开济老臣心。"杜甫诗中所写的便是这位忠心耿耿的丞相——诸葛亮。无论是政治上、经济上还是文化上，诸葛亮都为成都做出了巨大的贡献。让我们踏进武侯祠，一起来了解这位智谋过人、尽忠报国的丞相吧。

诸葛亮

字孔明，号卧龙，三国时期蜀汉的丞相。他擅长谋略，是我国古代知名的政治家、军事家和发明家。对蜀汉忠心耿耿，一生『鞠躬尽瘁，死而后已』。

研学地点
成都武侯祠博物馆

研学关键词
诸葛亮，三国时期的蜀汉

研学目标
了解诸葛亮生平及他对成都政治、经济、文化的贡献

课堂链接
语文教材九年级下册：《出师表》

研学思考
诸葛亮为成都做的贡献对后人产生了哪些影响？

锦官城外寻丞相

来到成都，如果你跟随地图导览来到武侯祠门口，看见门口牌匾上 **"汉昭烈庙"** 四个大字，可能会有些许疑惑是否走错了路。不要慌，没有走错，这里就是武侯祠。武侯祠是纪念蜀汉丞相诸葛亮的专祠，而成都的武侯祠是最特别的一个。它紧邻着刘备的寝陵惠陵，在其西南方向，前殿祭祀刘备，后殿专祀武侯诸葛亮，形成了国内现存的唯一的君臣合祭寺庙，现在的武侯祠其实是清康熙十一年（1672）在明代的遗址上重建的。

经典原文
臣本布衣，躬耕于南阳，苟全性命于乱世，不求闻达于诸侯。先帝不以臣卑鄙，猥自枉屈，三顾臣于草庐之中，咨臣以当世之事，由是感激，遂许先帝以驱驰。

武侯祠是由惠陵、汉昭烈庙、武侯祠、三义庙组成的三国历史遗迹区，川军抗战将领刘湘的陵园为主体的西区和体现川西民风民俗的锦里民俗区这三大区域组成的。

武侯祠里祭祀的是谁?

　　成都武侯祠虽然名叫武侯祠，但里面祭祀的并不只有诸葛亮，祠里还供奉着刘备、关羽、张飞以及蜀汉政权的文武百官。在刘备殿前东西廊内有蜀汉文臣武将的塑像 28 尊。文臣廊以"凤雏"庞统为首，塑有 14 人；武将廊以赵云为首，同样塑有 14 人。这些塑像就这样静静地立在武侯祠中，无声地向来到这里的每一个人诉说着蜀汉曾经的辉煌。

在唐代，武侯祠所在的位置是成都南郊，正如杜甫的《蜀相》里"丞相祠堂何处寻？锦官城外柏森森。"这句诗写的一样。

青铜弩机展现蜀汉智慧

　　武侯祠博物馆内有着不少蜀汉时期的文物，其中有一件三国蜀汉时期制造的青铜弩机非常引人瞩目。弩机是在冷兵器时代里一种非常强力的武器，诸葛亮曾制作出"十矢俱发"的连弩，不过如今已经失传。弩机使用灵活，便于远程射杀，在三国时期的战场上占据了重要的地位。武侯祠的这件青铜弩机保存非常完整，可惜的是机身锈蚀严重，已不能活动。

蜀汉铭文青铜弩机

181 年
诸葛亮出生

207 年
出山，
作《隆中对》

208 年
与东吴联合，
赤壁破曹

214 年
与刘备在
成都会师

221 年
刘备称帝，
诸葛亮任丞相

223 年
被先主刘备
托孤

227 年
上《出师表》，
准备第一次北伐

234 年
积劳成疾，
病逝五丈原

"三绝碑"书写丞相功绩

在武侯祠里面有一块石碑，名为《蜀丞相诸葛武侯祠堂碑》，是迄今为止成都唯一一个保存完整的唐代文物。它的内容是曾任监察御史、宰相的裴度所撰，文字又是著名书法家柳公权之兄柳公绰所书，石碑由当时的名匠鲁建所刻，文章、书法、篆刻都十分精湛，故被称为"三绝碑"。全文不仅彰显了诸葛亮的高风亮节，同时还缅怀蜀汉遗风，感慨当世之政，字字珠玑，感人肺腑。

碑文分序和铭两部分，楷书，共22行，每行约50字。

展内《白帝托孤》这一部分内容后接着的是一扇圆形的窗户，当人们走到这里向外望去，看见的是已被一片郁郁葱葱的绿植覆盖的惠陵。

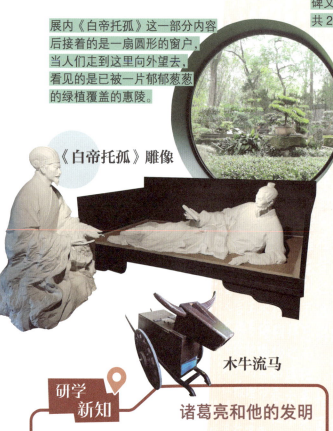

《白帝托孤》雕像

木牛流马

研学新知

诸葛亮和他的发明

诸葛亮不仅在政治、军事方面有着出色的成就，他还有很多发明。"亮性长于巧思，损益连弩，木牛流马，皆出其意；推演兵法，作八阵图。"（《三国志·蜀志：诸葛亮传》）诸葛连弩、木牛流马、八阵图，这些发明在军事上都起到了很大的作用，可惜如今已经失传，我们只能根据史料的记载略窥一二。

千古君臣情

既然武侯祠是一座君臣同祀祠庙，那就不得不提武侯祠博物馆中的常设展《明良千古——刘备与诸葛亮君臣合展》，这是国内第一个关于刘备与诸葛亮二人的特展。

这个展厅中根据刘备与诸葛亮的生平分为了"**乱世浮沉·以待天时**""**君臣共济·蜀汉立国**""**兴复汉室·鞠躬尽瘁**"三个部分，通过展示主题雕塑、历史文献和三国相关的文物，从二人各自的故事开始讲起，一直到诸葛亮星落五丈原结束，三国蜀汉史高度浓缩其中。看完这个展，或许就能了解两位历史文化名人的人生交汇轨迹。

诸葛亮的治汉兴蜀之策

兴修蜀地水利

诸葛亮在蜀地期间，兴修水利工程，不仅加固了都江堰，设置了专门管理的官员，还颁布了政令来保护都江堰。

同时他还修筑了一座长九里的防洪大堤——九里堤。都江堰与九里堤提高了都城抵御洪涝灾害的能力，这些都为蜀地的富饶提供了基础。

"诸葛亮之为相国也，抚百姓，示仪轨，约官职，从权制，开诚心，布公道；尽忠益时者虽雠必赏，犯法怠慢者虽亲必罚，服罪输情者虽重必释，游辞巧饰者虽轻必戮。"

——陈寿《三国志》评

促进经济繁荣

诸葛亮不仅重视农业发展，同时也在积极地发展手工业，尤其是制造蜀锦。蜀锦是四川的特产，为了充分发挥蜀锦的优势，诸葛亮大力地支持蜀锦的制造，设置了锦官专门管理蜀锦的生产及销售。

蜀锦在当时的蜀汉，已然成了一种战略物资。诸葛亮此举既让蜀锦扬名天下，又将蜀锦的利润充作军费，不仅促进了蜀汉的经济繁荣，还加强了军事力量。

『愿陛下托臣以讨贼兴复之效，不效，则治臣之罪，以告先帝之灵。』

严明蜀汉法纪

为了稳固蜀汉的政权，诸葛亮赏罚分明，对弊政和腐败进行了严格的治理。即便是重臣，也一定是有过必究，绝不徇私枉法。马谡在街亭之战中违背命令，导致蜀汉失去街亭，诸葛亮含泪处死了马谡，并且也反思了自己未能听取刘备不要重用马谡的忠告，上书向刘禅检讨自己的失误。正是由于诸葛亮严明的法纪，蜀汉的政权才得以稳固。

研学新知

来武侯祠逛"大庙会"

由李冰父子在都江堰治水前举办的抗旱求雨庙会，是成都最早的庙会，距今已有2000多年历史。自2005年开始武侯祠每年都要举办"成都大庙会"，庙会前身是民国时期的青羊宫庙会。在武侯祠庙会不仅能近距离观看"仿古祭祀"，还能拜喜神、闹花灯、看百戏，让大家近距离感受传统文化的魅力。

成都花花图鉴

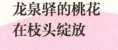

轻薄桃花逐水流

说起桃花，怎么能少得了龙泉驿的桃花故里，它是成都龙泉山城市森林公园"花海林麓"的核心区域。龙泉驿区也是全国三大水蜜桃生产基地之一，阳春三月之际，桃花簇拥山峦，绽放成绚烂的粉色云霞。

龙泉驿的桃花在枝头绽放

成都是一座花香四溢的城市，四季花团锦簇。尤其是春日来临时，各种花朵轮流演绎着色彩交响曲，桃花、梨花、杏花、樱花……接连登台，斑斓夺目。

千点猩红蜀海棠

如果说桃花盛景在其他地方也能见到，那么棠湖公园的海棠花海就是独一份儿了。

坐落在双流区的棠湖公园，翠竹环绕，秀木挺立，晨光暮色中鸟鸣声声。园内的海棠花，以其品类繁多、花姿绰约而闻名全国。

尤为值得一提的是园内的铁脚海棠，又称为贴梗海棠、铁脚梨、宣木瓜等，被陆游誉之为"千点猩红蜀海棠，谁怜雨里作啼妆"。每当铁脚海棠开花，满园景色都披上红装，让人陶醉忘返。

桃花

海棠

合欢

棠湖公园
盛开的海棠

合欢树上枝连理

中和湿地公园以其金合欢花海闻名。每逢春季，金合欢花以最为蓬勃的姿态盛放在园内，赋予了这片土地无尽的活力。公园内金合欢树错落有致，有的依偎湖畔，有的点缀草坪，远观之下，这金与绿交织的景致，宛若古典诗画。

沾衣欲湿杏花雨

金合欢已让人略感目不暇接，而青白江区杏花村中的杏花则另有一番韵味。

"春物竞相妒，杏花应最娇。"自古以来，杏花便是文人的心头挚爱，杏花的花期虽短，却为这场春日平添了几分可遇不可求的短暂邂逅，一旦错过，便只能静候下一季。

随着春意来临，杏花展露笑靥，仿佛雪花轻附于枝头，让人沉醉不已。

杏花

梨花

樱桃花

千树万树梨花开

"忽如一夜春风来，千树万树梨花开。"这句诗淋漓尽致地勾勒出了梨花盛放时的绝美景致。

新津梨花溪直接以梨花命名，坐落于成都新津县永商镇梨花村，这里山坡连绵，种植约有六万棵梨树与四万株桃树。每逢三月，这里梨花似雪，桃花如霞，两者交相辉映，成为踏春游玩的绝佳胜地。

樱桃花下送君时

成都的花卉景观，不仅仅是热烈奔放与素雅恬淡的代名词，更蕴含着无尽的温婉浪漫。

成都蒲江樱桃山景区内，万余亩樱桃树蔚然成林，枝头的樱桃花在迎面的春风中同时绽放。唐代诗人元稹在诗中是这样描写樱桃花的："樱桃花，一枝两枝千万朵。"漫步其间，花色花香轻轻萦绕于青山之巅，美得令人词穷。

蒲江山的樱桃花

与杜甫对话

杜甫一生中为我们留下了1000多首诗篇，其中，五分之一的佳作诞生于成都。成都，这片温柔的土地，曾给予杜甫一片栖息的港湾，让他在纷扰世事中寻得一份安宁。而杜甫也以其生花妙笔，让成都的名字穿越时空流传百世。

八月秋高风怒号，卷我屋上三重茅。

半生飘零："诗圣"避祸成都

乾元二年（759）七月，杜甫弃官去秦州，同年十月，带着家人跋山涉水赴同谷（今甘肃成县），年底经同谷前往成都，躲避战火。

在好友严武的帮助下，杜甫于浣花溪畔建起了几间草房，但好景不长，当年秋天一夜大风，草屋遭到重创，也为后世留下了名诗《茅屋为秋风所破歌》："八月秋高风怒号，卷我屋上三重茅……"

但杜甫并不气馁，迅速再造草堂，没有树木，他就开口向朋友索要："草堂少花今欲栽，不问绿李与黄梅。"（《诣徐卿觅果栽》）没有花草，他就和家人一起辟药圃种药苗："药条药甲润青青，色过棕亭入草亭。"（《绝句四首·其四》）在他的不懈努力下，光秃秃的草屋渐渐绿树成荫，鸟语花香，"种竹交加翠，栽桃烂漫红。"（《春日江村五首·其三》）终成为流芳百世的杜甫草堂。

研学地点
杜甫草堂博物馆

研学关键词
杜甫与成都

研学目标
了解四川对历朝文人文学创作的影响

课堂链接
语文教材八年级下册：唐诗三首中的《石壕吏》《茅屋为秋风所破歌》

研学思考
杜甫半生颠沛流离的经历如何反映在他的文学作品中？

杜甫的"蓉漂"记录

759 年冬 → 为避安史之乱，带着家人由同谷至成都

760 年春 → 在浣花溪边建"草堂"居住

761 年末 → 好友严武任成都尹兼剑南节度使，给予杜甫帮助

762 年七月 → 严武应召入朝，成都少尹兼御史徐知道叛乱，杜甫流亡到梓州、阆州

> 但逢新人民，未卜见故乡。

765 年 ← 因严武病逝，杜甫失去庇护，于五月离开成都南下

764 年正月 ← 严武又被任命为成都尹兼剑南节度使，杜甫也在三月回到成都

工部祠："诗圣"静谧的栖息地

工部祠听起来像官府里的机构，其实不然，这里是供奉杜甫的祠堂。杜甫在成都期间曾被表荐为检校工部员外郎，后人敬称他为"杜工部"，祠堂也因此得名。

走进去，只见杜甫的塑像立在正中央，两侧陪侍着南宋诗人陆游和黄庭坚的塑像。殿内还存有明朝所刻的杜甫石像。石像上的杜甫面容清癯，目光深远，把他忧国忧民的一腔愁绪刻画得非常到位。

祠内古木参天，清幽静谧，让人不由自主地放慢脚步，仿佛怕打扰了"诗圣"的沉思。

没上过一天班的杜工部

杜甫迁居成都后，一度生活窘迫，幸好他的好友严武出任剑南节度使，不但帮助他重建草屋，还将他聘入幕府当参谋，解决了杜甫一家的生计问题。他还在朝廷挂了个虚衔，叫"检校工部员外郎"，因此人们常叫他"杜工部"，即便他没去工部上过一天班。

客至（节选）

舍南舍北皆春水，但见群鸥日日来。
花径不曾缘客扫，蓬门今始为君开。

杜甫这首诗写于成都草堂落成后。

少陵碑亭：墨香中的历史印记

工部祠东侧，有一座以茅草作顶的碑亭，内竖一大石碑，上镌刻"少陵草堂"四个大字，这是雍正十二年（1734）果亲王允礼的手迹。

碑亭虽不大，却是杜甫草堂博物馆最具代表性的景点之一。碑亭背靠荷花池，周围是茂盛的花草树木。虽然碑文字迹已经有些斑驳，却依然能感受到厚重的历史感。

清代嘉庆十六年（1811），四川总督重修草堂时特地建造了瓦房来保护"少陵草堂"石碑。清末民初人们又将瓦房改为了茅草覆盖的六角形圆亭。

杜甫草堂为何叫"少陵草堂"？

杜甫早年间住在京城长安附近的杜陵。这杜陵原是古杜伯国的地界，后来成了杜县，到了汉宣帝时，又因皇帝陵墓而改名。在杜陵旁边，还有个小陵，人称少陵，是汉代许皇后的安息之地。

杜甫在诗文里爱自称"杜陵布衣"或是"少陵野老"。这样一来，后人提起杜甫，便常常说"杜少陵"，至于他的住所，自然就成了"少陵草堂"。

床头屋漏无干处，雨脚如麻未断绝。

茅屋的修建格局是根据明代史料中记载的"前祠后堂"的说法而定的。木质榫卯结构的框架、黄泥覆盖的竹篱笆墙和茅草覆盖的房顶组成了这间茅屋，是典型的川西民居。

茅屋故居：简朴中的诗意生活

茅屋故居位于草堂的浣花溪畔，是根据杜甫诗歌中的描写重建的。这所五开间的茅草屋，尽量还原了当年的风貌。走进去，一股质朴的气息扑面而来，屋内陈设简单，有客厅、书房、卧房、厨房等几间简陋的房间。

杜甫或许就是在这样的夜晚，听着雨打在茅屋顶上的声音，提笔写下了"床头屋漏无干处，雨脚如麻未断绝"的诗句。小小的茅屋，承载了太多的诗与远方。

大雅堂：诗人的灵魂聚会所

大雅堂原是草堂寺的大雄宝殿，匾额上的"大雅堂"三个字采自唐代大书法家颜真卿的字。大雅堂里陈列着国内最大面积的彩釉镶嵌磨漆壁画，还有屈原、陶渊明、李白、苏东坡等十二位大诗人的雕像。这些人物，任选一个出来，都是文学史上耀眼的明珠。

在这里，你能感受到历朝历代诗词的力量，跨越千年，依旧鲜活。

杜甫先后在草堂居住近四年，创作诗歌**240 余首**，比如《春望》《北征》以及"三吏""三别"等名作。"朱门酒肉臭，路有冻死骨""安得广厦千万间，大庇天下寒士俱欢颜"等诗句展现出杜甫作为诗人的社会责任感和高尚人格。

今天，当我们走进杜甫草堂博物馆，路过那茅草作顶的小亭，再回首望见"少陵草堂"四个字时，看到的不仅是工部祠、茅屋故居等，更是杜甫消瘦的身躯下隐藏的文人气度。

大雅堂前的
杜甫雕像

自蒙蜀州人日作，不意清诗久零落。

人日题诗寄草堂，遥怜故人思故乡。

研学
新知

人日草堂怀杜甫

人日即农历正月初七。唐代诗人高适曾在唐肃宗上元二年（761）人日那天题诗《人日寄杜二拾遗》寄赠好友杜甫，"人日题诗寄草堂，遥怜故人思故乡"，表达对友人的思念。高适逝世之后杜甫又翻到这首诗，睹物思人，又写下《追酬故高蜀州人日见寄》怀念好友。高杜二人于人日唱和的美谈就这样流传下来。清代何绍基入川后，于草堂题字"锦水春风公占却，草堂人日我归来。"从此，每年人日时人们都在此凭吊"诗圣"，赏梅祈福，"人日游草堂"成为成都人的春节习俗之一。

入蜀文人故事多

中国历史上，诗以唐诗为尊，其中成就最高的是李白；词以宋词为主，名声最显当属苏轼。这两人均出生于四川，至于其他客居成都的文人墨客更是数不胜数，为锦官城留下了诸多记忆。

研学地点

成都及其周边历史文化遗迹

研学关键词

唐诗，李白，"初唐四杰"，苏轼，陆游

研学目标

感受文人墨客笔下的四川烟火气息

研学思考

成都为何能成为诸多诗人创作的背景？

李白的乡愁

春水月峡来，浮舟望安极？正是桃花流，依然锦江色。

李白从小在四川生活，与其他客居四川之人相比，他笔下的四川又多了几分乡愁。青年时期，他登上散花楼，俯瞰锦江抱城，欣然赋诗《登锦城散花楼》："暮雨向三峡，春江绕双流。"这是意气风发的少年李白。

等到他五十多岁，在流放途中经过白帝城，恰逢遇赦得释，人生已到后半段，心境又有所不同。"春水月峡来，浮舟望安极？正是桃花流，依然锦江色。"（《荆门浮舟望蜀江》）似乎这份幸运是故乡的锦江传来的喜讯。

成都塔子山公园的地标建筑九天楼，命名取自李白的诗《登锦城散花楼》"今来一登望，如上九天游"。

地转锦江成渭水，天回玉垒作长安。

李白的职场危机：上班一个月就被流放

756 年，年近花甲的李白投靠永王李璘成为其幕僚，以此实现自己的政治抱负，却没想到短短一个月之后，永王谋反，李白作为幕僚，曾经为李璘写下十几首诗，因此先遭到了拘押，后又被流放夜郎。

"江行几千里，海月十五圆。"（《自巴东舟行经瞿塘峡登巫山最高峰晚还题壁》）李白在水路上整整熬了十五个月，因关内大旱，皇帝大赦天下，李白才被赦免。

最能体现李白对四川热爱的是《上皇西巡南京歌十首》，这组诗歌全方位展示了四川的文化遗存，例如："地转锦江成渭水，天回玉垒作长安"中将玉垒山与长安相提并论；"剑阁重关蜀北门，上皇归马若云屯"等则突出了剑阁的险要位置。锦江、剑阁、峨眉山、散花楼等意象反复出现，可见李白对四川是爱得深沉。

王勃的流浪

唐代诗人王勃在 19 岁那年，因为写了一篇《檄英王鸡》触怒皇帝，被逐出府，随即开始游历四川。在四川生活的三年，王勃四处漂泊，依靠成都的乡亲朋友接济才得以生存，这种流浪的生活虽然窘迫，但也给了王勃无穷的灵感。

另一方面，青年王勃游山玩水，写下《入蜀纪行诗三十首》，将对山川的热爱付之笔端："山川之感召多矣，余能无情哉？"他在成都优哉游哉，游历了诸多蜀山蜀水。

在王勃短暂的一生中，他在成都生活了三年之久，远离政治中心的岁月让他放浪形骸，纵情山水，从大自然中获取灵感。

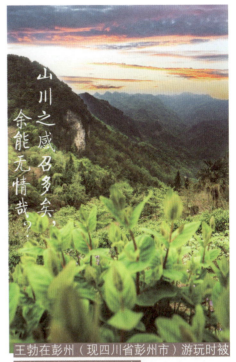

王勃在彭州（现四川省彭州市）游玩时被葛仙山的景色深深吸引，写下了《观内怀仙》这首诗。

卢照邻

王勃

杨炯

骆宾王

研学新知

"初唐四杰"与成都的缘分

王勃、杨炯、卢照邻、骆宾王并称"初唐四杰"。有趣的是，这四人都曾有过游历四川的经历。

卢照邻曾多次往返成都，是第一位在成都留有大量诗歌的初唐文人。文翁讲堂、石镜寺都是他热衷的旅游之地。

骆宾王在 35 岁来到成都，在此期间，他先后游览了峨眉山、八阵图遗址、都江堰等地。

杨炯受堂弟牵连，被贬为梓州（今四川绵阳三台县）司法参军，任职三年内和当地的官员百姓都结下了很深的情谊。

苏轼的味蕾

苏洵、苏轼、苏辙父子三人在四川求学游历，深受蜀地的文化影响，文章风格豪放、直抒胸臆。苏轼和苏辙学业初成即来到成都，随父一同拜访益州太守张方平，出发进京，拜见翰林学士欧阳修。

苏轼天生乐观豁达，也流传出很多关于他安贫乐道的逸事。当年他与弟弟来到眉山寿昌学院就读，每日自带饭食，只有一碗一碟。碗里盛的是白米饭，碟里装的是白萝卜和白盐，这白米饭、白萝卜、白盐粒便称为"三白饭"。

回顾苏东坡的一生，曾经在浙江、湖北、海南等地蹉跎许久，以至于离蜀多年后仍想念四川美食。在他的《春菜》一诗中，曾盘点家乡美味，"岂如吾蜀富冬蔬，霜叶露牙寒更茁"，表达出希望有生之年能回四川品尝美味的心愿。

成都大慈寺中苏轼所题的匾额

陆游的追忆

陆游也曾在四川担任蜀州通判、锦城参议等职长达八年，这也是他人生中最富激情的一段时光。宋乾道八年（1172），陆游被任为成都府路安抚司参议官，他骑驴入川，先后造访了翠围院、白塔院、大明寺等当地名胜，对当地景色赞不绝口。陆游在这里不仅爱上了春天的烟柳，还爱上了秋天的芙蓉花。

青羊宫前锦江路，曾为梅花醉十年。

当年走马锦城西，曾为梅花醉似泥。
二十里中香不断，青羊宫到浣花溪。
——陆游《梅花绝句》

但他最爱的还是从青羊宫绵延至浣花溪的梅花盛景。在成都时，陆游每逢春天必到城南去寻梅花，"青羊宫里春来早，初见梅花第一枝。"与当时的小道士也有几分交情，"青羊道士竹为家，也种玄都观里花。"自号"放翁"的他号称"青羊宫前锦江路，曾为梅花醉十年。"可见青羊宫当时已是旅游胜地。成都给陆游留下的记忆如此美好，以至于离蜀多年之后，他仍对成都青羊宫念念不忘。时至今日，成都以"青羊"为名的街巷有十几条之多。

传说老子骑青牛过函谷关时，曾对关尹子说："千日外，过我于蜀之青羊肆。"因此有人在成都建青羊观。

来玩一次飞花令

飞花令是古代酒宴上常玩的一种作诗游戏，如第一个人吟诵以"花"为第一个字的诗句，吟出来了就换下一位，吟不出来就自罚一杯。下一个人吟诵"花"为第二个字的诗句，规则同上。依次轮下来，一直等到"花"成为第七个字。

举个例子，苏轼先来一句：花褪残红青杏小。（花在第一个字）范成大就可以接一句：麦花雪白菜花稀。（花在第二个字）

接下来，也让我们选定一个关键字，比如"月""山"，来玩一次飞花令吧。

少年研学体验官

望江楼赏竹

走进望江楼公园，仿佛进入了历史的长卷，在这里，可以在吟诗楼探寻文人墨客的足迹，也可以漫步于翠竹环绕的园林中感悟竹之品格，还能体验丰富多彩的竹文化活动。让我们来一场亲近大自然的奇妙探险，上一堂别开生面的中国传统文化课吧。

◟ 数读蜀竹

四川竹林面积
全国第**2**

四川竹子有 18 属
160余种

种植面积
1841万亩
（2023 年）

竹业总产值
1112.3亿元
（2023 年）

竹叶杯中，吟风弄月，躲离了万丈红尘。

望江楼楹联选读

上联：一水绕当门，滚滚浪分岷岭雪
下联：双扉开对阁，熙熙人乐锦楼春

研学地点
望江楼公园

研学关键词
望江楼，薛涛，竹文化

研学目标
领略望江楼文化，探析薛涛诗中的咏竹情怀

研学思考
如何理解薛涛诗中竹的象征意义？

翠竹拥楼锦江畔——探秘望江楼

望江楼公园坐落于四川成都市武侯区望江路 30 号，距九眼桥东南方向约千米之遥，相传为唐代才女薛涛的故居。园中有古木参天，百花斗艳，四季轮回间，皆展露无尽生机；还有崇丽阁、吟诗楼、浣笺亭、五云仙馆等古建筑群，一砖一瓦，诉说往昔风华，引人穿越时空，梦回大唐。

漫步园中，首先映入眼帘的是巍然屹立的望江楼。望江楼本名"崇丽阁"，取晋代文学家左思《蜀都赋》中"既丽且崇，实号成都"中"崇丽"二字，成都人习惯以"望江楼"称呼，望江楼也就成了约定俗成的名称。

登楼远眺，成都的"母亲河"锦江如诗如画，船只穿梭，波光粼粼。近处，翠竹婆娑，绿浪翻涌，仿佛置身于一幅立体的竹石画卷之中。

望江楼不仅承载着历史的记忆，更给人们提供了欣赏竹海与江景的绝佳视角。

诗魂竹韵共低唱——悠游吟诗楼

紧挨望江楼的是吟诗楼，这里是诗词爱好者吟诗作赋的理想之地，是依据薛涛晚年在其住地修建的吟诗楼而重建的。斜依楼栏，四周竹影斑驳，清风徐来时，非常适合静心聆听竹叶低语，感受古人"竹叶杯中，吟风弄月，躲离了万丈红尘"的诗意。

南天春雨时，那鉴雪霜姿。
众类亦云茂，虚心宁自持。
多留晋贤醉，早伴舜妃悲。
晚岁君能赏，苍苍劲节奇。

这首《酬人雨后玩竹》是薛涛的代表作之一，通篇不见一个竹字，却能感受到竹傲霜斗雪的风姿。薛涛开启了唐宋之后淡雅飘逸的竹韵诗，甚至苏轼都受其影响，在他"宁可食无肉，不可居无竹。无肉令人瘦，无竹令人俗"的生活美学观中，可以看到薛涛竹韵诗的影子。

研学新知

薛涛，历史上第一个女校书

校书郎是唐代中央基层文官之一，品阶虽低，任职要求却很高，被唐人视为"文士起家之良选"。一般进士出身的人才有资格担当此职，历史上从未有女子担任过"校书郎"。因为格于旧例，薛涛未能获此实职，但人们仍以"女校书"之名称呼薛涛，表达对她能力的认可。

芙蓉化笺忆薛涛——
感受薛涛文化

薛涛暮年迁居至浣花溪畔，寓居期间，薛涛以木芙蓉为原料，加入芙蓉花汁，制成精美的薛涛笺，创作了《春望词》《池上双鸟》等诗篇。薛涛笺色泽淡雅，尤以桃红色最为知名，被元稹、白居易、杜牧等诗人用于诗词唱和，她掘井取水和造纸的地方也被后人称为"薛涛井"和"浣笺亭"。

井边暗红色墙壁上镶嵌着一副对联。站立井边，仿佛仍能听到千年前的笔墨交响，感受到诗人的才思泉涌。

从薛涛井旁离开，走进薛涛纪念馆。这里翔实记录了薛涛的生平事迹与艺术成就，陈列着薛涛的诗作手稿复制品、生活用品模型，可以近距离了解薛涛不凡的一生。

再往西北方向行走，还可以看到薛涛像和薛涛墓。薛涛号称"文妖"，在大唐诗坛上有"孔雀"的美称。公元832年薛涛去世，当时出任剑南西川节帅的段文昌为其撰墓志铭以哀思。为纪念薛涛，薛涛研究会在1994年10月于望江楼公园内复建薛涛墓。2003年又建墓表。

如今我们所看见的薛涛墓，由墓碑、墓体、墓基平台及墓表组成。墓碑上刻有"唐女校书薛洪度墓"，墓四周围有着草坪、桃树、翠竹，形成了一片清幽的天地。

古井冷斜阳，问几树枇杷，
何处是校书门巷？
大江横曲槛，占一楼烟月，
要平分工部草堂。

薛涛井是望江楼公园中最古老的遗迹之一，也是纪念薛涛的主要遗迹。

幽径蜿蜒竹影摇——游览竹园、竹林

由薛涛广场缓缓向西南漫步，一幅延绵不绝的翠竹画卷渐次展开。望江楼公园是我国竹类收集最早、人工栽培历史最长的竹种园，从1954年开始引种竹子，历经70年的努力耕耘，现保护栽培各类成活竹子**34**属**500**多种。从诙谐意趣的人面竹，到慈悲安详的观音竹，再到别具一格的鸡爪竹，竹的千姿百态在这里得到了很好的诠释。

深入竹海秘境，一处水码头悄然显露，碧水悠悠，翠竹依依，湖面上，一叶扁舟悠游其上，水波与竹影轻轻交缠，绘就了一幅遗世独立的宁静画卷，足以慰藉每一个渴望平和的灵魂。

再行数步，散生竹种园区赫然眼前，这里栽培有各类散生、混生竹子**100**多种。阳光穿透密集挺秀的竹林，于地面上形成一片片光与影的梦幻交织，每一步轻踏，皆是与自然最为亲密的接触。

望江楼公园的茂密竹林

体验竹编手工

竹编是人们利用竹子的天然特性，通过编织技艺将竹子转化为实用工具和装饰品的传统工艺。它既可以是日常生活中的篮子、簸箕、背篓等，也可以是屏风、灯罩、摆件等艺术品。制作竹编可以同时锻炼动手能力和想象力，快去尝试一下吧。

1. 编织塑形
起编：确定编织的形状和大小，制作框架或底座。
编织：采用不同的编织技法将竹篾相互交织，调整松紧度，编织出不同的纹理和质感。

2. 装饰与收尾
装饰：对竹编作品进一步装饰，比如涂漆、镶嵌等，增加竹编观赏性。
收口：编织完成后，对开口边缘进行细致的收口处理，确保边缘平整、结实。

3. 后期处理
打磨清洁：完成编织后，用砂纸轻轻打磨竹编表面，去除毛刺，使之更加光滑。

少年研学体验官

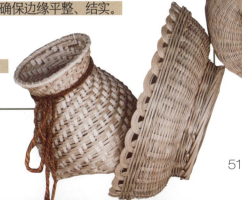

竹韵
成都

四川，这片神奇的土地，承载着华夏悠久的竹文化。在这里，竹的身影无处不在：衣之有竹布，食之有竹笋，写之有竹管，书之有竹纸。历经千载，竹早已深深渗透进四川人的点滴生活，成为他们生活中不可或缺的一部分。

瓷胎竹编——竹与瓷的巧妙结合

瓷胎竹编是邛崃地区独有的民间传统手工艺品，又称"竹丝扣瓷"。清代的巴蜀工匠一开始是在锡制的壶上编制竹编，由于锡壶制造材料紧缺，工匠开始在陶瓷上编制竹编，人们发现用陶瓷编制的竹编更加受欢迎，自此瓷胎竹编应运而生。瓷胎竹编外表的竹编不仅美观，同时还对瓷器本体起到了一定的保护作用。瓷胎竹编制作工艺复杂，编制的技法也十分讲究。在编织过程中不可以露丝头，不起纹丝、叠丝，要保持竹丝均匀地编织在白瓷外表。

瓷胎竹编 · 方竹笋

方竹笋——山野馈赠的春日鲜味

都江堰这座古老的水利工程，不仅灌溉了成都平原，也孕育了方竹笋的诞生。方竹笋为成都市优良乡土竹种，体形修长，色泽嫩黄，因笋尖呈方形而得名。

新鲜出土的方竹笋，肉质细嫩，口感爽脆，带着淡淡竹香和丝丝甘甜。其烹饪方式多种多样，无论是清炒、炖汤还是凉拌，都能展现出其独特风味。

在成都，人们喜欢将方竹笋与当地的腊肉一同炒制，腊肉的咸香与竹笋的鲜嫩相得益彰，让人回味无穷。此外，方竹笋炖鸡汤也是一道家常美味，竹笋的清新与鸡肉的鲜美完美融合，一口喝下，满口生香。

竹椅竹桌——青城山下的休闲缩影

　　成都人讲究"巴适"[注]，喝茶也不例外。竹林掩映下的茶肆，是市民休闲生活的缩影。竹椅竹桌，竹帘竹扇，置身其中，你可以尽情享受被竹香包围的快乐。

　　来到青城山，当知马椅子，青城山下的竹椅尤为惊艳。一把好的竹椅，从选材、下料、锯、削、挖、锉，要经过 100 多道工序，工艺流程十分复杂。

　　闲暇时刻，不妨在此处探访一处茶肆，品味一盏盖碗茶，感受茶水与竹叶的香气交织。

―――――――――

[注] 巴适：四川方言，意为很好、舒服，亦指正宗、地道。

竹椅
竹桌

道明
竹编

道明竹编——指尖上的千年竹韵

　　道明竹编作为成都非物质文化遗产之一，其历史可以追溯到秦时期，崇州道明镇是其主要发源地。

　　道明竹编的制作过程非常讲究，选用当地的优质竹种慈竹，经过选材、刮青、破篾、煮染等一系列工序，将竹条变为富有弹性的竹篾。竹匠将竹篾巧妙编织，形成花鸟鱼虫、山水田园等图案，细腻精致，栩栩如生。

　　"独坐幽篁里，弹琴复长啸。"竹子既融入了成都人的日常生活，又超越了物质层面，升华为精神寄托。让我们在品味竹之美味、欣赏竹之艺术的同时，也能学习竹的坚韧品格，传承竹的文化精神。

化身川菜小厨师

川菜是中国美食王国的麻辣精灵，"一菜一格，百菜百味""麻辣鲜香"是它的招牌，但又不止于此，酸甜苦辣咸，样样精通。让我们一起来川菜博物馆，探索每一道菜背后的故事，一一品尝川菜中的人生百味。

典藏馆赏味

川菜博物馆坐落于成都郫都区三道堰镇，是世界上唯一一处以菜系文化为内容的活态主题博物馆。

进入博物馆内，必须要看的是典藏馆，馆内 6000 余件珍馐遗宝，洋洋洒洒自战国绵亘至今，铺展着它们的古往今来。展品琳琅满目，依用途分门别类：煮食器、盛食器、酒器、用餐器乃至茶艺必备器物，材质亦是繁多，青铜、牙骨、陶、瓷、铁、木、竹等，无一不在展示着川菜演变中的精致与考究。

川菜博物馆前"民以食为天"的影壁

早在秦汉时期，蜀地已孕育出独特的烹饪艺术。唐风宋雨的洗礼下，川菜的烹饪技法日渐成熟，那独步天下的麻辣风味，不知醉倒了多少食客的心。明清以来，川菜更是声名鹊起，稳坐中华"四大菜系"交椅之一。

研学地点

川菜博物馆

研学关键词

川菜

研学目标

了解川菜的特色和代表菜肴

研学思考

为什么川菜在全国各地都广受欢迎？

研学新知

中国"四大菜系"

山东地区的鲁菜，四川地区的川菜，广东的粤菜，由淮安、扬州及南京三种风味组成的淮扬菜为传统四大菜系。其中川菜是民间市场规模最大、最有特色的菜系。

视觉与味觉的盛宴

踏入川菜博物馆的互动体验区，仿佛置身一场视觉与味觉的盛宴，独具一格的烹饪技法将川菜的万种风情演绎得淋漓尽致。麻辣交织，鲜香醇厚，每一种味道都是对味蕾的深情拥抱。

川菜之精髓，在于"麻"与"辣"的天作之合。花椒贡献了那份麻，而辣椒则点燃了那份辣。这是由于四川盆地环境湿冷，当地人需要借助大量辣椒与花椒御寒除湿，因此绘就了川菜麻辣并重的经典风味。

川菜的辣与其他地方的辣又有所不同，辣而温和，麻中蕴香，香中透鲜，加之严选时鲜食材，构成了川菜艺术的精髓。

在川菜博物馆内，更有机会目睹多种经典川菜的诞生，还可以品尝到钟水饺、担担面、叶儿粑、三大炮等新鲜出锅的四川传统小吃。在博物馆中"边吃边学"，趣味十足。

研学新知

豆瓣酱的"翻晒露"工艺

郫县豆瓣历经繁复工序精炼而成，其中，"翻晒露"是豆瓣酱酿造的最后一道工序。

白天，匠人细心翻搅酱缸内的豆瓣，确保温度均衡，为微生物的繁殖创造条件，让发酵过程达至极致。夜幕降临，将酱缸盖上棕编的盖，维持空气流通，为微生物提供了持续活跃的环境，促进着豆瓣独特风味的悄然成形。

茶饭相随，不可缺少的四川茶

川菜文化中，宴饮、娱乐、休闲三者缺一不可，而茶便是那穿插其间、不可或缺的一抹清新淡彩。

品茗休闲馆体现了川菜文化中"茶饭相随、饮食相依"的特点。四川人饮茶，随心所欲，尽享生活的随意与洒脱。春日暖阳下，坝坝茶中品的不仅是茶，更是那份悠然自得与无拘无束；夏阳炽烈时，遁入绿荫深处，一壶清茗在手，整个夏天都清凉了。

在川菜博物馆内端一杯正宗的四川茶，在饮食之间，不骄不躁，品味人间烟火，享受世事浮生。

盖碗茶里的龙门阵

盖碗茶和龙门阵是蜀地文化的两张特有名片。来成都，当然要找一处茶馆，来一杯盖碗茶，摆一次龙门阵，感受一下当地独特的文化氛围。

盖碗茶的香韵

盖碗茶是四川传统的茶文化，茶具分为上、中、下三层。上有盖、中有碗、下有托，称之为"三才碗"。揭开盖子，茶香扑鼻而来，整个人都放松下来了。

盖为天

碗为人

托为地

盖碗中暗含天地人和之意，体现了传统文化中人与自然、与他人和谐相处的思想。

茶馆之内，茶香悠然。堂倌儿穿梭其间，铜壶长嘴在手中翩然，一手拿着"三才碗"，一手"哗"的一声倒入茶水，"嗖嗖"几声，满而不溢，技惊四座，令人叹为观止，心生欢喜。

四川的盖碗茶，不止于茶馆的方寸之间，更有坝坝茶的随性风情。当地称开阔、平坦的空地为"坝坝"，因此"坝坝茶"文化也日渐流行。坝上一坐，盖碗一端，话家长里短，世间琐碎皆成趣谈。择一晴朗日，天作幕、地为席，几张桌椅，三两知己，便是好时光。

此番景象，都是四川盖碗茶文化的自然流露，生活之味尽在一杯茶中。

研学地点
成都的茶楼、茶馆以及民间文化场所

研学关键词
盖碗茶，龙门阵，茶馆

研学目标
了解成都盖碗茶和龙门阵的历史、文化内涵及其在现代社会的传承发展

研学思考
龙门阵作为川渝地区的民间文化活动，反映了当地人民什么样的生活习俗和价值观念？

喝盖碗茶的五步操作

1 净具
2 置茶
3 沏茶
4 闻香
5 品茗

喝盖碗茶

龙门阵的奥秘

除盖碗茶之外，四川的龙门阵自是不可或缺的一道风景线。龙门阵源自唐代薛仁贵麾下阵法，而今则演化为谈笑风生的代名词。四川人围炉而坐，你言我语，故事笑话轮番上演，龙门阵成了四川独有的生活哲学。

在街头巷尾找一家茶馆小憩，"摆龙门阵"便是忙里偷闲的日常写照。此间艺术，不在于事之大小，即便是琐碎的小事，经由一番摆弄，也能说得天花乱坠，平添无穷意趣。

摆龙门阵，是成都人独有的语言艺术。话语间天地宽广，妙语连珠。与其他地方不同，四川的"侃大山"用的是"摆"，一个字道尽了铺陈的功夫。日常生活中曲折离奇的经历，掰开了揉碎了讲给旁人听，这便是龙门阵的独到之处。

中国茶文化一绝——长嘴壶茶艺

在成都的茶馆里，能看到身穿褂子、手持长嘴茶壶的"茶博士"，只见他手中长嘴茶壶翻转，身姿矫健，隔着桌子将茶水稳稳地倒进客人的茶杯中，而且茶水不撒不漏一滴，让人拍手叫绝。这便是四川的长嘴壶茶艺，是成都茶馆内的一道亮丽的风景线。长嘴壶茶艺的表演有武术的张扬、美术的视点、舞蹈的优美，招式名称不仅动听恰当、容易记忆，还富有内涵，如"负荆请罪""苏秦背剑"等。

长嘴壶一般壶嘴长约 1 米多，长长的壶嘴既可以在不打扰客人的情况下添茶水，又可以给开水降温，让水温达到冲泡茶叶的最佳温度。

"喝"与"摆"的交融

龙门阵偏爱茶馆，是因为有盖碗茶的地方，才有摆龙门阵的高手。说者大侃四方，听众一饱耳福。茶馆无昼夜之分，坐卧随心，茶水不断，摆者和听众一摆一和，热闹非凡。

在四川，随意步入一个茶馆，盖碗茶幽香袅袅，龙门阵说笑声声，二者交织，营造出别具一格的氛围。

盖碗茶与龙门阵是四川文化的双重印记，想体会四川普通百姓日常生活中的快乐，当然要手执盖碗茶，看世间百态，唠家长里短，沉浸于这番文化意趣中。

成都是中国茶馆最多的城市，据说成都市民每年光是喝茶就能喝掉有 7 个西湖那么多的水量。

宽窄巷子里的
成都生活

　　宽窄巷子是成都旧时满城（少城）的一小部分，满城是清代朝廷为了驻兵而建的，是满蒙八旗和他们家属的居住区。历史上的满城，历经岁月的沧桑洗礼之后，留下的宽窄巷子和街边的青砖四合院，还依稀能见到旧日的遗风。

> 宽窄巷子所在的少城历史文化街区是成都最著名的历史文化街区之一。

研学地点
宽窄巷子

研学关键词
"慢"生活，"闲"生活，"新"生活

研学目标
体验老成都的三种生活

研学思考
宽窄巷子为什么会形成这样的建筑风格？

巷子的曾用名是胡同

　　"胡同"是北方对街巷的称呼。少城作为曾经的满蒙八旗居住区，内有 **8** 条八旗官街、**42** 条兵丁驻地街巷、**5** 条通道。现如今保留下来的只剩下宽窄巷子所在的三条巷子，以前宽巷子名叫兴仁胡同，窄巷子名叫太平胡同，井巷子叫如意胡同（明德胡同）。

少城胡同的演变

少城的胡同虽然已经消失，但是历史的刻印仍然留在这片土地上，成都许多街道依稀还能看到胡同的影子。

清远胡同——西大街，因当时对应着清远门而得名，是出老西门的必经之路。

槐荫胡同——槐树街，清朝时这里有多棵槐树，故取名槐荫胡同。

光明胡同——奎星楼街，原来里面有一座奎星阁，所以又叫奎星阁胡同。

你还知道哪些成都的老胡同呢？

盖碗茶

三大炮

由糯米、红糖、芝麻、黄豆做成的小吃。因为在抛扔糯米团时，如同"弹丸"一样，发出三声响，像"铁炮""火炮""枪炮"，故名"三大炮"。

新名字起得有点儿随意

民国初年的时候，当时的管理者下令将"胡同"改为"巷子"。传闻在1948年的一次城市勘测中，工作人员在测量完几条巷子的数据后，随手将宽的那条巷子标注为"宽巷子"，窄的那条巷子标注为"窄巷子"，巷子里有井的那条就标注为"井巷子"，由此"宽窄巷子"的名字沿用至今。

三条巷子的三种生活

三条平行排列的巷子共同组成了宽窄巷子，每一条巷子都有它们的独特之处，每一条巷子都代表了成都不同风格的生活。

宽巷子

在宽巷子中漫步，能体会到老成都的"闲"生活。坐在街边，摆一局棋、碰一杯盖碗茶、摆摆龙门阵、逗逗鸟笼里的鸟，逍遥自在，从容闲散。

巷内景点：恺庐

恺庐位于宽巷子 11 号，是宽窄巷子中最具有标志性的建筑门头之一，也是文化街区中保存较为完整的历史建筑。这个拱形宅门最开始的主人是一位留洋人士，归来后将自家院门改成了现在的样子。如今恺庐的主人是一位名叫那木尔羊角的蒙古族先生，从他的曾祖父开始，世世代代一直住在少城里面，可以说是少城变迁的见证者了。

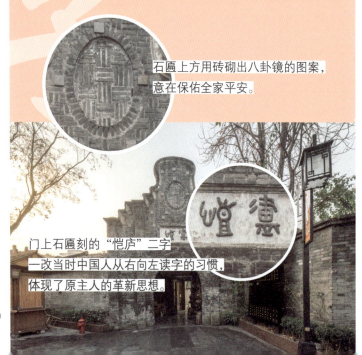

石匾上方用砖砌出八卦镜的图案，意在保佑全家平安。

门上石匾刻的"恺庐"二字一改当时中国人从右向左读字的习惯，体现了原主人的革新思想。

窄巷子

窄巷子保留了老成都里"慢"生活的那部分。漫步在窄巷子里面，能体会成都"宅中有园，园里有屋，屋中有院"的传统院落文化。新时代的店铺与传统建筑相结合，既怀旧，又现代，兼容并包的巷子将成都人最恣意的性格尽情展现。

拴马石

巷内景点：拴马石

在窄巷子32号门口的老墙上，有一块距今已有300多年历史的拴马石，是宽窄巷子内仅存的三块拴马石之一。曾经居住在少城内的北方蒙八旗子弟有着骑马出行的习惯，拴马石也被认为是北方的文化在川西地区的符号。

这块已经风化斑斓的石头见证着岁月的变迁，如今石头旁边由现代的艺术家根据拴马石文物，设计并雕刻了一匹被拴在门前栩栩如生的浮雕马，与拴马石一同向世人诉说着宽窄巷子的前世今生。

拴马石与浮雕马

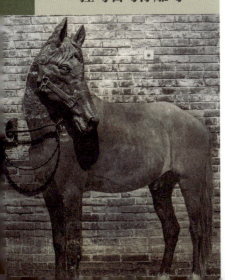

井巷子

井巷子是一条折弯状的小巷，几家文艺小店与巷子中的文化墙各占半壁江山，体会成都"新"生活的同时也能感受少城的历史气息。

宋代砖（仿制）

中间部分是宝墩城墙的土砖。

《宝墩遗城》文化墙

"砖文化墙"上的成都城隍庙文字砖

巷内景点："砖"历史文化景观墙

井巷子里有一面400米长，东西走向，由成都各个时代的砖砌成的砖墙，它是国内唯一的墙体"砖"历史文化景观墙。羊子山土坯砖、秦代到清代的砖、民国时期的砖，还有现代的水泥砖、瓷砖，都在这面墙上以不同的形式出现。这些从民间征集或他人捐赠的砖石中精挑细选出来的饱经历史风霜的砖石，组成了这一特别的"博物馆"。

古老地主庄园

成都大邑的刘氏庄园，堪称民国建筑群之典范，至今完好留存了上万件庄园遗存物，岁月痕迹，历历在目。

昔年，此地为川西地区封建地主刘文彩的私宅，宅邸恢宏，显赫一时。时至今日步入庄园，当年刘文彩搜罗的文物逐一呈现，后院"收租院"群像雕塑，不仅工艺精湛，更是那段社会风貌的生动再现，意味深长。

老庄园呈不规则多边形，有 7 道大门，内有 27 道天井，180 余间房屋，3 个花园。

老公馆和新公馆

刘氏庄园内，南北相望的老公馆与新公馆遥相呼应。现在大家参观的多为老公馆，包括刘氏祖居、刘文彩公馆等民国建筑群，漫步其中，步步皆景。大门楼右手边是珍品馆，展示刘文彩收藏的书画文物及日常用品。

彩绘象牙雕萝卜蟋蟀　民国

彩绘象牙雕白菜、萝卜、樱桃、苦瓜、蟋蟀　民国

文物珍品庄园藏

在这诸多馆藏珍品中，刘文彩所收藏的象牙雕刻尤为瞩目。当年刘文彩对牙雕艺术异常痴迷，生前不仅竭力搜集世间精品，还邀请能工巧匠，为他量身定制。这些象牙雕作，从细腻入微的牙球、错综复杂的牙塔，到栩栩如生的彩绘象牙雕白菜和牙雕红皮水萝卜，日常随处可见的雕刻素材在大师的刻刀下，均化身为令人叹为观止的艺术瑰宝。

除了牙雕之外，馆藏还有从西洋远渡而来的彩瓷佳品，作为馈赠纪念和收藏的银器、玉器以及精美的紫檀木制品。这些文物从不同角度反映了当年刘氏家族的赫赫权势，是历史发展演变的实物见证。

研学地点

成都大邑刘氏庄园

研学关键词

刘氏庄园，川西建筑

研学目标

了解刘氏庄园作为封建地主庄园的历史背景

研学思考

刘氏庄园的兴衰反映了当时社会的哪些特点和矛盾？

刘文彩的美国福特牌轿车

生活用品区主要展示了刘氏家族的日常生活用品及部分川西民俗生活用具。其中还收藏了一辆生产于20世纪40年代的美国福特汽车，这也是第一批进入中国市场的福特汽车。

相传刘文彩当年乘坐这辆福特轿车往返于刘氏庄园和成都市区之间，每次单程60千米，甚至为了方便自己开车去成都，还修了一条从大邑到成都的公路。

收租院

穿过后花园，来到刘氏庄园的后院，那里屹立着一组震撼人心的群体雕塑——收租院。这组雕塑是对昔日地主收租、验租、逼租等社会现象的深刻再现，不仅仅是一件艺术品，更是一段凝固的历史。

整个雕塑群雕刻了 114个 真人大小的生动人物，描绘了交租、验租、过斗、算账、逼租以及反抗等场景。每一个人物都栩栩如生，面貌各异，将我们带入了那个充满矛盾与冲突的时代。

爱国将领刘湘

刘文彩在当地以横行霸道、恶行累累而闻名，然而他的弟弟刘文辉与侄子刘湘，却是知名的爱国将领。

刘湘是刘文彩兄弟的侄子，卢沟桥事变爆发的第二天，刘湘向全国发出通电，呼吁全国人民同仇敌忾，一致对抗外敌入侵，他是第一个带领川军出川杀敌的人。

刘湘佩剑

现收藏于成都博物馆。

研学新知

铁血川军

十四年抗战烽火，川渝男儿义薄云天，三百五十万勇士，前仆后继，踏上抗日征程，血染战袍六十四万之众。

1944年，川军抗日阵亡将士纪念碑在成都老东门建成，位于现在成都市人民公园东门，百姓称之为"无名英雄铜像"。铜像刻画了一名普通川军的形象，穿短裤草鞋，手持钢枪，身背大刀斗笠，象征着烈士们英勇无畏的精神。

楼阁
显古韵

穿梭于成都的旧时光与新风貌之间，有一群静默而优雅的守护者——楼阁。它们不仅承载着厚重的历史文化，更是这座城市变迁的见证者。让我们于瓦檐木梁间，探寻那些被岁月温柔以待的故事，感受传统与现代的和谐共鸣。

华西钟楼的时光低语

华西钟楼稳坐于四川大学华西校区的中央，打眼一看便是校园的标志性角色，成都城里这样的机械钟楼独此一份。

钟楼顶上的大钟出自纽约梅尼利制钟公司的手笔，专为华西协合大学定制，自1924年起就开始守时。整座大钟由走时钟和鸣钟组成，两者各司其职。走时钟五天紧一回发条，四个面上的时间，清清楚楚；鸣钟三天上一次发条，钟锤落下，声声入耳，日子就这么在"嘀嗒嘀嗒"声中过去了。

岁月悠悠，如今钟楼台阶封了，大钟也歇了，可太阳还是照旧暖洋洋地抚着钟楼的墙。抬头望天边云卷云舒，这钟楼，成了时间的见证，静悄悄的，自有它的故事。

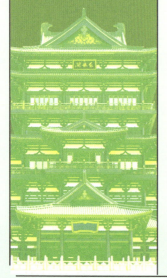

华西钟楼

◆ 机械式塔钟是以重锤为动力源，通过机械传动带动走针机构指示时间，并通过敲打专门铸出的钟来报时。

散花楼

散花楼的坎坷身世

散花楼位于成都百花潭公园大门口，凭借得天独厚的地理位置与深邃的文化底蕴自成一景。楼名源于浪漫的"天女散花"的传说，又因"诗仙"李白那句"日照锦城头，朝光散花楼"而名声遐迩。

散花楼正对琴台路，一到傍晚，华灯初上，灯火通明。南邻百花潭，西接浣花溪，北倚青羊宫，登斯楼也，成都风光，尽收眼底，好不惬意。

合江亭的古今浪漫

　　重建后的合江亭，坐落于原址府河与南河交汇之处，占地不大却结构精妙，碧水环绕，亭亭玉立。立于亭内，眼前展开的是成都生动的水墨长卷，城市风光与悠悠流水交相辉映，天际一色，令人心胸豁然开朗。

　　合江亭同时也是成都的水上枢纽，是当时成都人登船出川的口岸。韩愈、范成大、陆游等文人都曾在此写下诗词文章。

合江亭

南桥

东安阁

南桥下的蓝色海洋

　　南桥坐落于都江堰景区入口不远处，最初名为"凌云桥"，至清代最终定名为"普济桥"。南桥不仅是一座美轮美奂的阁楼，更是具备实用性的桥梁建筑。

　　白天的南桥飞檐斗拱，雕饰繁复，画栋间彩绘活灵活现；夜晚则化为梦幻仙境，河面光影交错，仿佛被夜色轻柔地覆上了一袭蓝纱，生动诠释了川西古老建筑艺术的精湛。漫步桥面，脚下是潺潺河流的低语，耳畔则是两岸商肆的喧嚣，两者交织，别有一番风情。

东安阁的唐代风采

　　东安阁坐落于成都东安湖畔，高达 50.8 米，是成都近年来崭露头角的新地标。东安阁整体构思深植唐代宏伟楼阁的建筑美学，每一砖每一瓦都再现了大唐盛世建筑的磅礴气势。

　　设计上巧妙融合了古蜀"太阳神鸟"图腾、四川蜀锦和宝相花纹的特色，在展现庄严大气的同时，细腻地勾勒出蜀地深厚的文化底蕴。登临东安阁，东安湖的粼粼波光、环绕的绿意园林，乃至远方城市天际线的壮丽画卷，都逐一展现在眼前。

"绣"出来的巴蜀文化

蜀绣与蜀锦历史源远流长，制作技艺精湛，自古以来便享有"蜀中之宝"的美誉。它们以其独特的图案设计、丰富的文化内涵和精湛的手工技艺，成为中华民族传统工艺的重要代表。让我们一同走进蜀绣与蜀锦的世界，感受那份穿越时空的美丽与韵味。

数读蜀绣

历史超过 **3000** 年

针法分为 **12** 大类，**130** 余种

代表性传承人　国家级 **2** 人　省级 **6** 人　市级 **24** 人

蜀绣之美：历史与传承

西汉文学家扬雄在《蜀都赋》中曾赞颂蜀绣："锦布绣望，芒芒兮无幅。"在古代中国刺绣历史中，**蜀绣**以其精湛的技艺和别具一格的风格，与**苏绣、湘绣、粤绣**并驾齐驱，共同被誉为中国"**四大名绣**"。

春秋初期，蜀国就与秦国通商，蜀地的工匠们用蜀绣、蜀帛与其他诸侯国进行物资交换。到了汉末三国时期，蜀绣声誉已远播四方，作为珍稀的丝织品，用来与北方政权交换战马或其他珍贵物资。

蜀绣的独特之处在于其采用本地的红、绿等色缎和散线作为原料，通过不同针法的巧妙运用，展现出色彩绚丽、短针细密、针脚平齐的艺术特色。蜀绣不仅擅长细腻生动地表现花、鸟、虫、鱼等图像，更善于捕捉和展现山水之间的磅礴气势。

用来制作蜀绣的五颜六色的绣线

绷子和绣针

蜀绣的生产工具，主要是绷子和绣针。绷子有竹制和木制两种，但木制绷子更为常见。目前，蜀绣的实用品大多采用机绣方式制作，而工艺品仍然坚持手工刺绣。

绷子是刺绣时绷紧布帛的用具，绷子可以调节绣花线的张力，使得绣出的花样更为准确，一般来说，大件的针绣可以用长方形的木框子，小件用竹圈即可。

蜀绣之技：工匠凝聚的心血

蜀绣针法的丰富程度在"四大名绣"中堪称翘楚，与蜀绣题材相得益彰。蜀绣的题材广泛而多元，其中日用品占据了重要位置。

传统上，蜀绣多取材于花鸟虫鱼，现代蜀绣则以芙蓉锦鲤和熊猫图为代表，这些图案配合蜀绣的针法，展现出无穷的艺术魅力。

过去的蜀绣工匠们，往往一生只专注于一种图案的绣制，老一辈工匠的针法背后，不仅蕴含着炉火纯青的技艺，更融入了他们独有的手法特点。

蜀绣的最高境界是双面异形异色异样绣，即在一幅作品的正反两面同时运针，绣出的画面分别具有不同的形象、色彩与内涵，却又互不相扰。

如今，蜀绣已经多次作为国礼走向世界，成为一张闪亮的巴蜀名片。它不仅仅是一种传统的艺术形式，更是中华民族优秀传统文化的瑰宝。

蜀绣双面猫狗屏　现代
四川博物院藏

研学新知

诸葛亮与蜀绣蜀锦

在诸葛亮给后主刘禅的表文中，提到自家"有桑八百株"，诸葛亮身体力行，极力推动种桑养蚕，为蜀绣蜀锦的繁盛奠定了坚实基础，让蜀地的织锦工艺迎来了前所未有的黄金时代，以至于蜀汉亡国时库存尚有"锦绮彩绢各二十万匹"，这一数字见证了蜀绣与蜀锦在三国时期经济与文化的双重成就。

蜀锦之丽：多彩的纹样图案

　　锦，是成都的情结。从秦汉时期起，手工织锦的技艺在这片土地上已延续了两千多年。而蜀锦这种四川成都地区制造的花锦，则是四川巴蜀文化的见证者。蜀锦与南京云锦、苏州宋锦、广西壮锦并称为中国"四大名锦"。

　　蜀锦的图案丰富多彩，多取材于花鸟走兽、神话故事、吉祥山水等，讲究的是"图必有意，意必吉祥"。织锦的工匠们将这些元素以"用其形、择其义、取其音"的方法，将具有喜庆、吉祥、幸福等美好寓意的纹样图案织造在蜀锦上，赋予了蜀锦更加丰富的意义。

方方锦　晚清

成都蜀锦织绣博物馆藏。
这件蜀锦以彩色经纬线配以等距但色彩不同的方格，
每一格内饰以不同色彩的典雅花纹图案。

研学·拓展

成都非遗"五朵金花"

　　蜀绣、蜀锦、银花丝、漆器、竹编这五种非遗技艺承载了老一辈成都人的回忆，也体现了成都浓厚的文化底蕴。

蜀绣之博：
成都蜀锦织绣博物馆

　　成都蜀锦织绣博物馆坐落于青羊区浣花溪畔，相传曾是织女浣纱的地方，承载着成都蜀锦厂的悠悠往事。

　　步入其内，负一楼的展馆将蜀绣与蜀锦的前世今生娓娓道来。成都蜀锦织绣博物馆的两项非

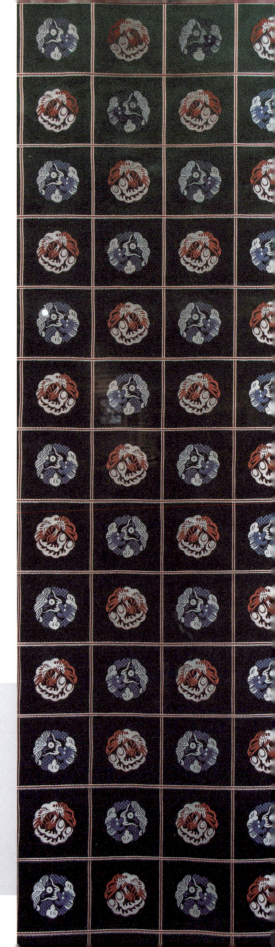

遗——蜀绣与蜀锦，在此争奇斗艳。

博物馆按时间维度进行布展，从春秋战国古朴的刺绣，到清代华贵的皇室龙袍，再到近代雅致的旗袍，一件件展品按时间序列静静诉说着故事，让人恍如穿越。

作为国内唯一一处全链条保存蜀锦手工织造技艺的地方，博物馆里陈列了大型织造工场和多台小花楼木织机，为大家重现传统蜀锦诞生的过程。其中道光年间的一台小花楼木织机，作为目前唯一可正常运转的清代机器，在博物馆内静静地工作着。

随着时代的发展，蜀绣这门古老技艺既深植于传统的艺术沃土，又巧妙嫁接现代的设计理念，让经典与潮流并蓄，焕发前所未有的时代气息。

成都蜀锦织绣博物馆的木织机

制作属于自己的蜀绣团扇

蜀绣团扇制作精美，色彩鲜艳，深受成都游客的喜爱，接下来，我们就用手中的针线，亲手制作一把蜀绣团扇吧。

制作团扇的第一步是整理制作材料，主要包括扇骨、扇面、绣线、绣针、剪刀、绣布架等。

1. 设计图案
根据自己的喜好设计扇面图案，比如花草、山水等。

2. 制作扇面
将绢布剪成扇面的形状缝在扇骨上，注意扇面一定要平整。

3. 针线绣花
穿针引线，在扇面上绣出图案，注意线的颜色和形状，保证最终的刺绣效果。

4. 整理装饰
对扇子进行整理和装饰，修剪团扇边缘，使其更加整齐美观。

少年研学体验官

看！变脸

川剧是我国知名剧种之一，是流传于川渝、云贵地区的一种地方传统汉族戏剧形式。川剧不仅有着丰富的剧目，还有着独特的绝活儿。来到成都，怎么能不看川剧呢？跟随川剧走进剧院，沉浸式感受千年积淀而成的巴蜀文化的魅力。

研学地点

四川川剧院

研学关键词

川剧，变脸

研学目标

了解川剧的历史和川剧的三大绝活儿

研学思考

川剧表演中体现了四川人怎样的特质？

川剧起源知多少

早在唐代，各地就流传着"蜀戏冠天下"的美誉，那时候川剧还叫作蜀戏。清代时由于连年战乱和移民浪潮，四川的人口结构五方杂厝。这样的大环境中，在四川本地灯戏的基础上，一种含有高腔、昆腔、胡琴腔、弹戏、灯戏五种声腔，并且用四川话演唱的"川剧"就形成了。这五种声腔一开始是在四川各地分开演出的，后来到了清康熙、乾隆时期，有几种声腔同台演出，时间久了互相影响，形成了相同的风格。一直到清末民初时期，这种演出形式才统称为"川戏"，后来改名为川剧。

川剧在 2006 年被列入第一批《国家级非物质文化遗产名录》，编号Ⅳ—12。

川剧的内容大多是喜剧，但背后往往是极苦极悲的故事。

川剧的行当

川剧有**小生**、**旦角**、**生角**、**花脸**以及**丑角**五个行当，这五个行当里面文生、小丑、旦角表演最具特色。

俊扮：用于生、旦角色的人物化妆，特点是略施脂粉达到美化效果。

小生 指的是俊扮剧中的青年男性，特点是在表演中不挂须。

花脸 分为大花脸、二花脸。大花脸通常是剧中地位较高、举止沉稳的人物，而二花脸大多是勇猛豪爽的正面人物。

旦角 剧里的女性人物。

丑角 又叫"小花脸""三花脸"，涵盖了帝王将相、市井平民、三教九流等丰富多样的人物类型。

生角 除小生、花脸、丑角以外俊扮的中老年男性，表演时要挂须。

脸谱表现的是人物的性格、品德、气质等方面，体现了对角色或褒或贬的评价。

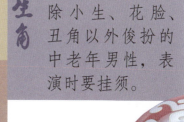

寿字脸

汉钟离

孟良

川剧丰富多彩的脸谱

 研学新知

中国五大戏曲剧种

除了川剧之外，我国还有很多其他的优秀剧种。其中有五种被誉为"中国五大戏曲"，它们分别是京剧、评剧、越剧、豫剧和黄梅戏。京剧是我国的国粹，以徽班为基础，形成于清道光年间的北京，又称京戏；评剧形成于河北省，以民间说唱艺术"莲花落"和歌舞形式"蹦蹦"为基础发展而来；越剧是由浙江当地的山歌、小调发展起来的剧种，主要流行于浙江、上海、江苏一带；豫剧又称河南梆子，最开始以清唱为主，河南省简称"豫"，所以叫豫剧；黄梅戏又叫采茶调，是在安徽、湖北、江西三省毗邻地区以黄梅采茶调为主的民间歌舞基础上发展而成的剧种。

神秘莫测的变脸艺术

　　提到川剧，或许第一个想到的就是川剧中神秘莫测的变脸绝活儿。川剧是一种富有生活气息的表演艺术，内容诙谐幽默。在川剧演出的时候，随着剧情的不断推进，剧中角色的心理状态也在不断变化，而脸谱则是角色心理的体现。为了更好地表现角色，川剧将不可见、不可感的情绪和心理状态变成能够直接看到的脸谱，脸谱在一出戏中会根据剧情需要而不断变化，这就是"变脸"。

与川剧有关的四川方言之"颤翎子"

"颤翎子"在四川话中是爱出风头的意思，翎子功是川剧表演中的一种绝招，配合动作用来表达角色的心情和状态。

川剧变脸

川剧绝活儿之一——吐火

揭秘！变脸技法

神秘莫测的变脸背后是技艺的炉火纯青，川剧变脸有三种常见技法，它们分别是抹脸、吹脸和扯脸。

抹脸

将化妆油彩涂在脸上特定的位置，需要变脸的时候用手一抹，就会变成另外一种颜色了。

吹脸

将粉末状的化妆品装进小盒子里放到舞台上，演员在舞台上做伏地的动作时将脸贴近盒子一吹，粉末便会沾到脸上。

扯脸

一种更为复杂的变脸手法。上台前演员要剪下在绸子上画好的脸谱，按照需要的顺序在脸上贴好，每一张脸谱都有一根丝线连接在衣服上，表演时在舞蹈动作的掩护下将脸谱扯下，达到想要的变脸效果。

观看一次川剧表演

在成都，有着不少剧院，这些剧院几乎每天都在上演着一出出经典的川剧曲目。来到成都，想感受最地道的川剧文化，一定要亲自去看一场演出。川剧有许多经典的曲目非常值得一看。

《白蛇传》是川剧的经典曲目之一，剧情改编自民间传说。其中青蛇根据剧情分别由男女角扮演，在文戏时是妩媚的丫鬟，武戏时则变为勇武的男将，是这部戏的一大特色。川剧特有的高腔、变脸、钻火圈、喷火、飞身托举在这部戏中也能一睹风采。

少年研学体验官

光与影的艺术

穿梭光影之间，探寻古老技艺的魔力。成都博物馆内还藏着一项非物质文化遗产的瑰宝——成都皮影。很久以前，那时候没有电视，没有手机，人们打发漫漫长夜的办法，就是观看皮影戏。让我们携手步入这场光影的奇幻旅程，于幕布之后，寻找那些跃动在指尖上的传统故事，让古老的皮影艺术在新时代的舞台上重获新生。

中国的皮影戏在 13 ~ 15 世纪经由西亚流传到了欧洲，后来又传到美洲。而现在美国和法国至今仍有皮影剧团。

皮影起源：来自汉代的凄美传说

关于皮影戏的起源，展厅内记载了一个动人的故事。

据说，汉武帝刘彻的爱妃李夫人因病离世，武帝伤心至极，神思恍惚，朝堂之事皆抛诸脑后。一日，朝中大臣李少翁在街市闲逛，偶遇一孩童手中握着布娃娃，那布娃娃的影子在地面上跃动，仿佛有了生命一般。李少翁心中一动，取来棉帛，精心剪裁成李夫人的模样，再细细涂上色彩，手脚处则巧妙地安上木杆。

夜幕降临，李少翁支起布帘，点燃蜡烛，武帝一眼便见那布影在烛光下摇曳生姿，仿佛李夫人再现。武帝看后，满心欢喜，也从悲痛中挣脱出来了。此事被后人传为佳话，这便是皮影戏的雏形。

研学地点
成都博物馆皮影馆

研学关键词
非物质文化遗产，光影艺术，皮影戏

研学目标
通过参观和体验，认识和了解皮影，激发对非物质文化遗产保护的自觉

研学思考
观看成都皮影戏时，里面哪些元素最吸引你？

皮影与美食之灯影牛肉

皮影戏又叫灯影戏。而四川有这样一道美食，与皮影戏有着千丝万缕的联系，那就是来自四川达州市的灯影牛肉。它片薄如纸，颜色红亮，入口味道集麻、辣、鲜、脆为一体，口感丰富。因其牛肉薄得如同皮影戏的幕布一般，故得名为灯影牛肉。

研学新知

皮影尺寸有讲究

成都皮影依据身形高低，有大、中、小三种类型的皮影。其中小皮影极少，大皮影高达 60 厘米到 80 厘米，而中皮影则在 40 厘米到 60 厘米间，较之北方皮影，显得更为魁梧几分。成都皮影的身躯由 11 至 14 块部件拼接而成，手部关节比北方皮影多了一重关节，手指和手掌关节分开，赋予了舞台更加活灵活现的表演。

皮影展厅：传承千年的艺术流派

成都皮影，是南派皮影中的佼佼者。成都皮影中的人物角色，脑袋圆润，眉眼细致，活灵活现。头和身不仅能分家，手指也各自成趣，表演时可以随剧情、人物性格，自由搭配组合，灵活极了。而成都皮影布景装置的巧妙和细致程度胜过川剧，椅子、灯笼等家具形态各异，树木、石头、亭台楼阁更是花样繁多。

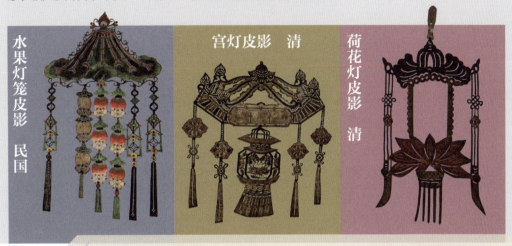

水果灯笼皮影　民国

宫灯皮影　清

荷花灯皮影　清

皮影鉴赏

成都的皮影戏又称成都灯影，被誉为"最复杂的皮影"。

皮影表演：古老故事的新生命

皮影戏最精彩的部分就是操耍和唱词。操耍需要皮影表演者在幕布后面，一边控制皮影动起来，一边用地方曲调来讲故事，还配有打鼓弹琴声伴奏。讲到神仙打架的时候，人物还能飞天遁地，做出很多厉害的动作。皮影表演为这些故事中的人物赋予了生命，让那些古老的故事与传说以另一种形式呈现在人们面前。

《白蛇传》皮影
成都博物馆藏

人物从左到右分别为许仙、小青、白娘子。
这幅皮影展示了白娘子与小青在遁逃的路上与许仙在断桥相遇，小青欲杀许仙，被白娘子阻拦的一幕。

亲手让皮影动起来

做好皮影后，得装上签子当操纵杆。胸前一根签，铁丝一穿，翻转自如，两手各有一根签子，整个皮影就可以动起来了。

在老师的指导下，操作手中的签子，手里的皮影就活了，坐卧行动，打斗翻滚，这一刻人物与剧情由自己掌握。

少年研学体验官

流光溢彩的成都漆艺

研学地点
成都漆器工艺厂

研学关键词
成都漆艺，艺术创新，匠心精神

研学目标
在欣赏成都漆器工艺的过程中，提高对美的感知力和艺术欣赏水平，感受漆艺独特的美学魅力

研学思考
成都漆艺有哪些独特的工艺给你留下了深刻印象？

踏入"千年漆都"成都，将开启一段色彩斑斓的探索之旅。触摸历史的温度，感受成都漆艺的独特魅力。这不仅是一次对传统工艺的致敬，更是一场穿越时空的文化对话，让我们在动手实践中，领略漆艺的博大精深，体会匠心独运的东方美学。

漆豆　战国
成都博物馆藏

漆黑中的千年光辉

成都漆艺是我国最早出现的漆艺之一，与北京、福建福州、江苏扬州、广东阳江的漆器并称"中国五大漆器"。金沙遗址、战国墓等地出土的成都漆器，悄然诉说着千年前的雅致。

扬雄在《蜀都赋》曾云："雕镂扣器，百伎千工，东西鳞集，南北并凑。"成都的漆艺自商周而始，汉唐兴盛，三星堆、金沙古迹中，三千年前的漆片犹存。

春秋战国，成都漆器名动一时，是当时中国著名的漆器制作基地。西汉年间，技术进一步发展，人们发明了针划填金、堆漆等工艺。到唐朝时漆器技艺更是登峰造极，可以说"蜀中漆艺，天下无双"。

成都漆器的足迹遍布古今中外，从成都商业街，到马王堆、马鞍山墓的珍藏，再到在朝鲜、蒙古、中亚等地出土的件件精品，都见证着历史的辉煌。

从古蜀祭祀的神秘，到唐宋宫廷的尊贵，直至今日的非物质文化遗产，成都漆艺的每一抹漆色，每一缕纹理，都是成都匠人心血的结晶。

成都漆器工艺厂，便是这千年传统工艺的守护者，历经风雨，如今更是焕发出新的生机。

老工厂的新面貌

成都漆器工艺厂将临街的一楼空间巧妙转型，打造出别具一格的简约门店。红砖墙体没有经过装饰，放眼望去，风格复古又前卫。

一张张低矮木桌上错落有致地展示着漆器佳作，从漆盘、漆碗到漆盒，件件精品，无不展现出传统工艺的精妙，漆面上勾勒的宝相花、松鹤延年、福寿双全、游龙戏水、凤凰于飞等经典图案更传递出了几分雅致与韵味。

2006 年 5 月 20 日，成都漆艺经国务院批准列入第一批《国家级非物质文化遗产名录》，项目编号Ⅷ-56。

形态各异的精美漆器工艺品

艺术之花的绽放

成都漆艺用漆非常考究，所用的生漆原料主要采自川内上佳漆树。制作漆器需要的大漆，是从漆树上采割的乳白色胶状液体，大漆得之不易，可谓"百里千刀一斤漆"。

不同于其他地方的漆艺，成都漆器注重"研磨彩绘"，也就是在漆器表面反复涂漆、研磨，直到平滑如镜，再进行彩绘装饰。不仅让漆器表面光可鉴人，而且色彩更加持久鲜艳，图案层次分明。

走进成都漆器工艺厂的展示厅，有栩栩如生的花鸟鱼虫，也有气势磅礴的高山流水，更有抽象的几何图案，每一件作品都向来宾展示匠人技艺的高超，让人不禁感叹于这门古老技艺的无限创意与生命力。

神秘的工艺流程

成都漆器选材讲究，必是良木，雕琢成胎，然后需要屡屡涂漆，屡屡晾干，不能着急，着急也没用。

著名的"三雕一刻"工艺，属于制作步骤中的装饰部分。以雕花填彩为例，先是胎样设计，雕刻木胎，继而层层上灰、涂漆、打磨，每次都要晾干，细活儿里见真章。

髹涂

用发刷将黑漆均匀地髹（xiū）涂在打磨好的胎体表面，一般涂2~3次即可打磨抛光。

装饰

将彩漆填入刻好的图案中。

研学新知　三雕一刻

三雕一刻是成都漆器中的制作技艺，分别为雕银丝光、雕花填彩、雕漆隐花、拉刀针刻。

雕填之时，将图稿移到胎上，一刀一划，再用彩漆填充纹理，可以加入金银箔，覆上透明漆后，再研磨至平滑。

雕银丝光是加入金属箔片获得光泽，雕花填彩是加入矿物质颜料获得色彩，雕漆隐花是用金银箔与清漆呈现含蓄美，拉刀针刻则是变换工具呈现更纤细的纹样。

打磨

用工具将漆面打磨光亮。

最后一步推光揩清，需要在表面涂抹推光漆，晾干之后进行研磨，多次抛光之后，才算大功告成。

漆器选材考究，制作周期长，工艺烦琐，价格长期偏高，因此在一定程度上限制了漆器制品的传播。

千年流传的技术工艺

与扬州、北京开始采用新技法的漆器厂相比，成都漆器工艺厂由于历史原因，坚持用老工老料生产，完整地保留了古老的传统技艺。一直以来，他们以实木、大漆、矿物质、金银等为主要生产材料，经历几十或上百次的工序制作完成，每一件都是凝聚了工匠的心血之作。

研学新知

成都漆器为什么又叫"卤漆"？

成都漆器在制漆过程中，要用纱布过滤生漆，保证过滤之后的漆"清如油，明如镜，扯起金钩子，照尽美人头"，这一过程称为"卤制"，所以成都漆器又名"卤漆"。

探索古蜀文明 ✱

古蜀遗迹，金沙传说

穿越时空的长廊，探秘古蜀王国，与千年前的文明瑰宝面对面。在成都金沙遗址博物馆，一场探索古蜀文明的冒险即将启程。这里，每一块陶片、每一枚金箔，都是历史的低语，仿佛在邀请你我共赴一场璀璨的文化盛宴，让我们揭开尘封的秘密，感受古代智慧的光芒吧。

遗迹馆的神秘祭祀

金沙遗址博物馆的遗迹馆内，有着我国商周时期保存最为完整的大规模祭祀现场，每位访客都能身临其境，亲身感受古蜀王国祭祀典礼的庄严。

"祭祀区"可能是古蜀先民沿河献祭的起点，在此地发掘出的祭祀遗存超过 **60** 处，珍贵文物逾 **6000** 件，横跨金、铜、玉、石、骨、角、漆木等多个种类，更有成吨的象牙与无数野猪獠牙、鹿角、陶器等，共同绘制出一幅古蜀社会生活与精神信仰的图卷。

祭祀坑

研学地点

金沙遗址博物馆

研学关键词

古蜀文化，金沙遗址，太阳神鸟，历史探秘

研学目标

通过实地探访，增进对古蜀文明发展脉络的理解，了解古蜀时期重要的文化特征

课堂链接

历史教材七年级上册第 8 课：夏商周时期的科技与文化

研学思考

为什么"太阳神鸟"金箔能够成为古蜀文明的象征？

成都金沙遗址与三星堆遗址直线距离约 40 千米，且二者展现出了惊人的相似性。

金沙遗迹馆

2001 年在成都金沙村中发现了大量珍贵文物，所以把这一片遗址命名为"金沙遗址"。

陈列馆的古蜀奇珍

陈列馆是金沙遗址博物馆的核心区域，由远古家园、王都剪影、天地不绝、千载遗珍、解读金沙等五个展厅组成。

其中，最受大家欢迎的则是一楼西侧的千载遗珍展厅，这里有三十余件宝物，包括太阳神鸟金饰、大金面具、十节青玉琮等，让我们一起来看看吧。

祭祀中为什么要使用象牙？

在中国古代的神话传说中，象牙被赋予了击退水神、平息洪患的力量。成都平原在都江堰建成之前，曾长期遭受河流肆虐之苦。古人选用象牙作为祭祀物品，意图凭借象牙的力量镇抚水中妖邪。

1 商周太阳神鸟金饰

要说金沙遗址博物馆的镇馆之宝，非商周太阳神鸟金饰莫属，别看它小小一片，外径 12.53 厘米，内径 5.29 厘米，厚度仅 0.02 厘米，但含金量高达 94.2%，是真正的"薄如蝉翼，一寸一金"。

太阳神鸟金饰构造精巧，内外双层镂空，内圈是十二道光芒绕日旋舞，外圈则是四只神鸟展翅，头尾相衔，与日光逆向而行，活脱脱一幅"金乌驮日"的古老画卷。据专家推测，太阳神鸟金饰的背后，或许藏着古蜀人对太阳的崇拜。

太阳神鸟纹样也是成都的城市形象标识。

2 商周大金面具

金沙遗址在 2007 年出土的商周大金面具，与三星堆金面具遥相呼应。这面具尺寸恰到好处，长 20.5 厘米，宽 10.4 厘米，厚度仅有 0.08 厘米。

那么这个面具是如何制作出来的呢？据专家推测，制作金面具的匠人们先敲打模具成型，再细细雕琢出眼、鼻、耳、口，每一个细节都透露着古人的智慧和虔诚，绝不仅仅是遮面之物这么简单。

③ 新石器时代良渚文化十节青玉琮

十节青玉琮算得上是金沙瑰宝中的异乡客，它来自太湖畔的良渚文明。它是如何跨越千年时光，翻越千里山河，最终漂泊至蜀地，成为一个不解之谜。

它高 22.2 厘米，外方内圆，一孔贯心，青玉温润，半透如水，整体分十段，每段嵌四幅神人兽面简图，顶上是一个舞动的神灵形象。整个玉琮有 40 个神人兽面纹，诉说着背后隐藏的历史传说。

在金沙遗址内，还出土了 12 件石跪坐人像，其中大部分都和石虎、石蛇等石雕在一起，据专家推测，这些石像可能是当时用于祭祀的替代品。

④ 石跪坐人像

石跪坐人像的造型在馆藏文物中是比较奇特的一种，它身高 22.7 厘米，静默跪坐，发型独树一帜，发辫垂在脑后，脸庞瘦削，双手反缚，让人一时之间不知道它意欲何为。

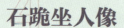

鸟与箭

鱼

⑤ 商周人面鱼鸟箭纹金王冠带

金王冠带可能是当时的国王或者贵族王冠下方的装饰品，与大金面具等金饰品的风格类似，外径长 20.4 厘米，厚度仅 0.03 厘米，整体飘逸灵动。

冠带上的四组画面循环上演，鱼跃、箭出、鸟掠、人面，与三星堆金杖上的图腾遥相呼应，根据画面内容来看，可能是古蜀对于鸟鱼信仰的一部分。

人面

在陈列馆的文物珍宝中，我们可以看到一个既独立又开放的古蜀世界，这些珍宝反映了古蜀人超乎寻常的想象力，也展现了中原文化在古蜀地区的痕迹，证明了不同地区文明交流的深远影响。

古蜀国的文化景观

除了遗迹馆和陈列馆，金沙遗址博物馆内还有许多文化景观值得一看。

金沙鹿苑中出土了大量的鹿角，讲述着古蜀文化与自然的不解之缘；"梅苑"在古河之畔，曾是古蜀人心中的神圣祭台，河滩下的祭品，覆土为安，古老仪式的痕迹依稀可见。

乌木林在博物馆的东南一隅，由60多根来自金沙遗址及成都其他地区的乌木构成，国内仅此一家，也侧面证明了远古时代的成都生态环境非常好。

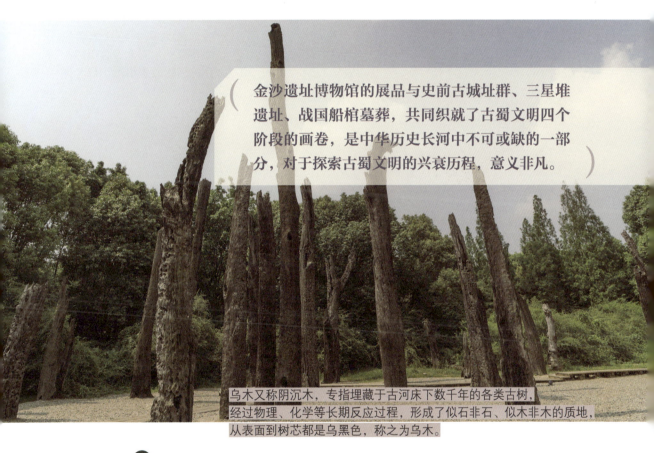

金沙遗址博物馆的展品与史前古城址群、三星堆遗址、战国船棺墓葬，共同织就了古蜀文明四个阶段的画卷，是中华历史长河中不可或缺的一部分，对于探索古蜀文明的兴衰历程，意义非凡。

乌木又称阴沉木，专指埋藏于古河床下数千年的各类古树，经过物理、化学等长期反应过程，形成了似石非石、似木非木的质地，从表面到树芯都是乌黑色，称之为乌木。

研学新知

古蜀人的串珠

几乎所有的史前文明遗迹中，都有着"串珠"的痕迹。这些遗址中，兽骨、玉石、玛瑙、绿松石等天然素材，经古人巧手雕琢，化身为粒粒珠玑，金沙遗址也不例外。

在金沙遗址中发现了很多"商周绿松石珠"，小巧精致，双面透孔，常与金玉铜器等共眠地下，暗示着它们在古代祭祀中扮演着举足轻重的角色，最初可能是用于串饰使用。

博物馆里看成都

一踏进成都博物馆，就如同坐上了穿梭时空的列车，"嗖"的一声，穿越到了几千年前的成都。这里，不是枯燥的历史书页，而是一场活灵活现的历史大戏，每个角落都藏着说不完的故事。让我们穿梭于珍贵的文物之间，聆听岁月的低语，感受这座城市深厚的文化底蕴，共同开启一段奇妙的知识冒险。

研学地点
成都博物馆

研学关键词
古蜀文明，艺术鉴赏，成都民俗

研学目标
通过参观成都博物馆，梳理成都的历史脉络

研学思考
在成都博物馆的众多展品中，哪一件文物最吸引你？它背后的故事引发了你怎样的思考？

九天开出一成都：先秦时期

先秦厅位于展馆二楼，以先秦时期蜀地的发展轨迹为主要内容。馆内有着新石器晚期的紫竹古城、高山古城、盐店古城等宝墩古城址出土的陶器，夏商周时期三星堆遗址和金沙遗址出土的玉璧、玉斧、玉矛，还有战国时期的船棺，240多件宝物，全是古蜀文明熠熠生辉的见证。

石犀长3.31米，宽1.38米，高1.93米，重约8.5吨。

研学新知

成都博物馆的镇馆之宝

提到成都博物馆的镇馆之宝，自然是这头"萌力十足"的石犀，当地人称它为"萌牛牛"。这头石犀是我国迄今发现的战国时期最大的圆雕石刻，它似乎带着笑意，憨态可掬。《蜀王本纪》中这样写道："江水为害。蜀守李冰作石犀五枚，二枚在府中，一枚在市桥下，二枚在水中，以厌水精，因曰犀牛里。"这是说李冰治水时，曾造五头石犀压水精，经专家研究，这头石犀可能是李冰当时凿刻的其中一头。

陶哺乳持瓢俑

东汉

西蜀称天府：两汉魏晋南北朝

两汉年间，成都以蜀郡郡治之尊踞西南，物华丰茂，扬名四海，美誉"天府"。及至公元221年，刘备在此地登基称帝，"三分天下"格局遂成。

魏晋南北朝时期，成都作为丝绸之路"河南道"的首站，架设起连接亚欧大陆的桥梁，东西方文明碰撞出的火花至今仍熠熠生辉。一件件栩栩如生的陶俑展现出当时的技术与人们的精神面貌。

　　还有馆藏的这件经穴漆人，它的眉、眼、鼻、口、耳清晰可见，体形匀称，通体黑漆，身上刻有纵横复杂的经络线，用圆点标示穴位，让我们感受到了古代医学的魅力。

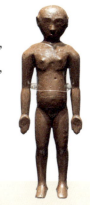

经穴漆人　西汉

邛窑黄绿釉高足瓷炉　唐

喧然名都会：隋唐五代宋元

　　唐宋展厅勾勒出隋唐至宋元时期西南都会的盛世图景。展厅内的每一件瑰宝，都承载着深厚的历史与文化底蕴。比如晚唐五代的邛（qióng）窑黄绿釉高足瓷炉，形若盛开的莲花，精致中透着华贵；而宋代的定窑白瓷孩儿枕，则以一种近乎温柔的姿态，展现了宋代瓷器艺术的精湛工艺。

定窑白瓷孩儿枕　宋

瓷枕是我国古代的夏令寝具。"孩儿枕"是瓷枕的样式之一，定窑、景德镇窑烧制的最为精美。

研学 拓展 💡

邛窑

　　邛窑的窑址在四川邛崃市南河乡什邡堂村，唐至明清均属邛州，所以叫邛窑。始烧于南北朝，终于宋。这座民间瓷窑中生产的瓷器以隋唐白瓷、唐代釉下彩绘瓷器以及晚唐五代的邛三彩为代表。

粉彩云蝠纹瓷赏瓶　清

丹楼生晚辉：明清时期

　　明清时期成都领航西南，地位显赫。明清展厅展示了大量明代陶俑阵列、金银玉瓷，件件精美，尽显当时炉火纯青的手工技艺。其中翘楚，当属这件清代粉彩云蝠纹瓷赏瓶，瓶身绘云蝠，肩部金彩弦纹环绕粉彩宝相花，中间嵌了金彩的篆体"寿"字，寄寓福寿双全。

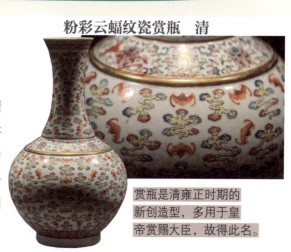

赏瓶是清雍正时期的新创造型，多用于皇帝赏赐大臣，故得此名。

穿越古今的自然探索之旅

想象一下，穿越回远古时代，与地球上曾经的霸主——恐龙，来一场跨越亿年的邂逅。在成都自然博物馆，这不再只是幻想，而是一场触手可及的探险。让我们一同踏入这个自然奇境，揭开恐龙化石的神秘面纱，让好奇心引领我们走向知识的巅峰。

建筑面积
50640 平方米

馆内藏品
60000 多件

6 个常设展厅

2 个临设展厅

成都自然博物馆的外观设计充满了"小巧思"。它在外观上融合了四川的山与水，将巍峨的雪山元素精妙地融入博物馆的外观设计之中，用高低错落的山石形态和裂缝营造出蜀山嶙峋的效果。

走进自然的奇妙旅程

成都自然博物馆不仅是知识的殿堂，更是助力孩童自由翱翔的魔法宝盒。六个不同主题的常设展厅将带领人们来一场跨越时空的自然奥秘之旅。

成都自然博物馆的建成填补了成都没有大型自然博物馆的空白。

研学地点

成都自然博物馆

研学关键词

恐龙化石，古生物学，自然科学，生态演化

研学目标

深入了解恐龙的种类、生活习性及灭绝之谜，丰富古生物学知识

研学思考

你最喜欢的恐龙是哪一种？它有哪些独特之处让你印象深刻？

地质环境厅里可见『地球』在深蓝色的夜空中缓慢旋转，呈现宇宙之博大。

获奖的成都自然博物馆

成都自然博物馆是成都首座不规则形态公共建筑，耗时四年多建成，设计构思源自四川盆地与龙门山脉相交形成的独特地貌，优秀的设计使其在建筑之初就获得了中国建筑金属结构协会颁布的"中国建筑工程钢结构金奖"。

穿越时空的龙族

说起成都自然博物馆的镇馆之宝，不得不提位于龙行川渝厅的合川马门溪龙化石。

这具恐龙化石的保存状况非常完整，骨骼完整度高达八成以上，20世纪60年代起由成都地质学院收藏，经过几次修复，缺失的尾椎得以完美复原。这尊庞然大物身长24米，颈部

恐龙展厅正中央的就是合川马门溪龙的化石，探秘恐龙厅还可以看到它的"重生版"——一尊身形同等，却以高超技术仿真复原的马门溪龙模型。

长达 **9.8** 米，是亚洲最完整且体形最大的恐龙化石。在展厅的 **30** 多具恐龙化石中，合川马门溪龙以无敌的姿态傲视群龙，是名副其实的"龙中霸主"。

马门溪龙

马门溪龙的脖子特别长，相当于体长的一半。它们大部分时间都生活在湖泊中，主要的食物是湖中的植物、藻类、软体动物和一些鱼类。

被当作"神物"的天外来客

在地质环境厅内有一块外观坑坑洼洼的大石头，这可不是普通的石头，它是四川最早有文字记载的铁陨石。《隆昌县志》中记载，这块陨石于明代在四川隆昌县（现四川隆昌市）境内发现，后来又被埋藏起来，清乾隆二十五年（1761）被人挖掘出来当作"神物"供奉，直到1970年才被验明正身。

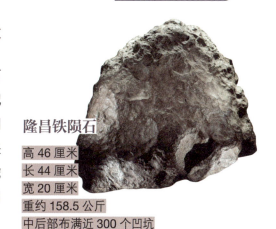

隆昌铁陨石

高 46 厘米
长 44 厘米
宽 20 厘米
重约 158.5 公斤
中后部布满近 300 个凹坑

破译三星堆密码

千载沧桑多变幻，巴山蜀水道妙真。在西南大地上，自古便有着太多太多的逸闻与传说，神秘的古蜀文明更为川人津津乐道。但多年来，因为缺乏文字记载与实物考证，古蜀文明一直都蒙着一层神秘的面纱，直到三星堆遗址被发现，曾经的传说终于出现在大众的视野中。

数读三星堆遗址

距今 **4500~2900** 年

遗址面积约 **12** 平方千米

8 个祭祀坑

展出文物 **1500** 余件（套）

研学地点
三星堆遗址

研学关键词
三星堆，青铜器，考古

研学目标
了解三星堆的古蜀文明

课堂连接
历史教材七年级上册第8课：夏商周时期的科技与文化

研学思考
三星堆文明的独特性与中华文明之间是如何相互关联和影响的？

震惊世界的文明奇迹

1929 年 7 月 18 日，四川广汉市南兴镇的一位农民挥动了手中的锄头，伴随着"叮当"一声响，考古界平地起惊雷，两座大型祭祀坑，千余件精美文物带着深厚的历史气息出现在了人们面前，这便是举世闻名的三星堆遗址。

三星堆遗址是长江中上游文明的中心，中国最古老的文化源流之一，也是西南地区发现面积最广、延续时间最长、文化内涵最丰富的古城、古国、古文化遗址，因为其考古价值、文化价值、历史价值之高，遗址规模之壮观、文化之神秘，被誉为"**世界第九大奇迹**"。据碳-14 检测，三星堆遗址距今 4500 ~ 2900 年，相当于中原的新石器时代到春秋早期。

直至今日，三星堆依然有很多秘密等着人们去发现。

古蜀遗风，人间神国

2000 多年的时间里，从文明的孕育、诞生、发展到盛极而衰，古蜀国仿佛经历了一个完整的轮回，文明的演变在三星堆大大小小的遗址与出土文物中留下了足够鲜明的印记。在三星堆出土的文物中，有三件青铜纵目面具，两小一大，其中最大的那件，脸部轮廓呈方形，双眼细长，眉峰上挑，鼻短口阔，一双眼睛呈柱状向前，桃尖状的双耳向外侧舒展，造型夸张奇特，意态飞扬。

相传，它与古蜀文献记载中的蜀王蚕丛的形态特征非常相似。而"纵目"的蚕丛在古蜀传说中也是神通广大的绝世人物。关于这一点，还有很大的争议，但很显然，这的确是一件

青铜兽面具 商

这件青铜兽面具，因其伸出来的眼睛和外扩的耳朵又被称为"千里眼""顺风耳"。

有着人神合一色彩的面具，并且是古蜀先民的祖先造像。见微知著，由此可见，当年的古蜀国是何等的神秘绚烂，或许真的有呼风唤雨、驾雾腾云的大人物也说不定。

研学新知

青铜面具用途猜测

1. 巫师舞蹈时使用的工具。
2. 固定在其他器物上的装饰物。
3. 悬挂起来作为图腾柱。
4. 被祭祀对象身上的装饰物。
……

青铜戴冠纵目面具

青铜大面具

古蜀人物档案

蚕丛

蜀国首位称王的人，他在神话传说中是一位负责养蚕的蚕神。相传其"衣青衣，劝农桑，创石棺"，率领部族从岷山到成都居住，铸就了古蜀国灿烂的农业。

鱼凫

古蜀国第三代蜀王，也是古蜀国奴隶制政权的第一位统治者。蚕丛是一位养蚕高手，而鱼凫则是一位捕鱼高手。

闪耀的黄金制品

　　三星堆遗址中出土的黄金器，是商文化遗址中最丰富的一部分。不仅种类多，有金杖、金面具、金箔带饰，而且形体还很大，尤其是金面具。由金面具的形状和二号坑出土脸上贴着一层金箔面罩的铜像可知，出土的金面罩或许原本都是贴在青铜像上的。

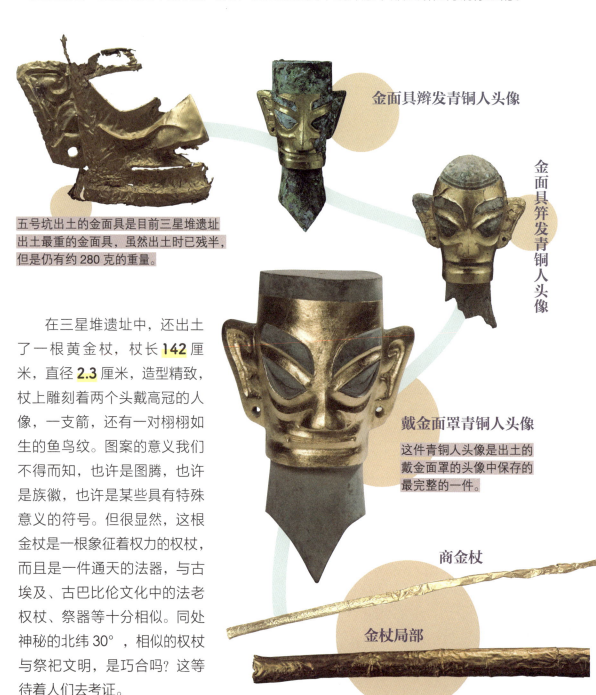

五号坑出土的金面具是目前三星堆遗址出土最重的金面具，虽然出土时已残半，但是仍有约 280 克的重量。

金面具辫发青铜人头像

金面具笄发青铜人头像

戴金面罩青铜人头像

这件青铜人头像是出土的戴金面罩的头像中保存的最完整的一件。

商金杖

金杖局部

　　在三星堆遗址中，还出土了一根黄金杖，杖长 **142** 厘米，直径 **2.3** 厘米，造型精致，杖上雕刻着两个头戴高冠的人像，一支箭，还有一对栩栩如生的鱼鸟纹。图案的意义我们不得而知，也许是图腾，也许是族徽，也许是某些具有特殊意义的符号。但很显然，这根金杖是一根象征着权力的权杖，而且是一件通天的法器，与古埃及、古巴比伦文化中的法老权杖、祭器等十分相似。同处神秘的北纬 30°，相似的权杖与祭祀文明，是巧合吗？这等待着人们去考证。

青铜铸就的绝世璀璨

三星堆遗址中青铜文明一直都占据着主导地位，出土的各类青铜造像多达数千件。

其中最炫目的当属一号青铜神树，它树高 396 厘米，最上段是缺失的状态，实际高度还会再高一些。它有三簇树枝，每簇树枝又分为三枝，一共九枝；每一枝上都栖息着一只神鸟，边缘处还有一条神龙缘着树枝迤逦而下，颇符合中国古代传说中"九鸟居下枝"的"扶桑神树"形象。

青铜树上的神鸟

研学拓展 💡

青铜神树的制造工艺

青铜神树是采用分段铸造法制造而成的，在铸造的过程中运用了套铸、铆铸、嵌铸、铸接等在当时可以说是最为先进的铸造方法，是三星堆文物中青铜铸造工艺的集大成者。

美玉中闪耀的文化风采

四川产美玉，这一点自古就有记载。三星堆遗址中出土了各式各样的玉器，也从侧面证明了四川产玉这件事。

三星堆遗址出土的诸多玉制文物中，数二号祭祀坑出土的这件商代玉边璋最为精美。玉璋为六器之一，玉边璋是出土的诸多玉器中价值最高、最有代表性的一件。它的特别之处在于玉器两面都用线刻了人们用玉璋祭祀山川的画面，也就是"山陵之祭"，让现代人得以对古蜀国的祭祀风俗有所了解。

这件玉边璋身上刻的图案共有两幅，每一幅由五组图案构成，呈对称状。

神树纹玉琮 商

研学新知 📍

礼仪玉"六器"

六器指的是璧、琮、圭、璋、璜、琥这六种古代祭祀天地时所用的玉器礼器。《周礼》："以玉作六器，以礼天地四方，以苍璧礼天，以黄琮礼地，以青圭礼东方，以赤璋礼南方，以白琥礼西方，以玄璜礼北方。"

和陶俑一起笑一笑

有人说，在四川出土的汉代陶俑有一个最大的共同点，就是它们全都面带笑容。乐观与豁达似乎是刻在四川人骨子里的特质。看到这些表情生动且丰富的陶俑们，我们也会被这份乐观与豁达所感染。

陶俳优俑

成都博物馆藏

嘻嘻！

汉代成都人的娱乐活动非常丰富，俳优表演是当时十分流行的一种活动。这件陶俑塑造的就是一个俳优艺人的形象。它坐在圆垫上，头上戴着巾帽，下半身穿着裤子，但脚是光着的。它左手拿着鼓，右手则作握鼓槌状，看起来就像是要敲鼓一样。它的左腿蜷曲，右腿用力向外踢蹬，仰着脸开怀大笑。人只要看一眼就会被陶俑的笑容所感染，嘴角忍不住跟着也微微上扬。

陶吹箫俑

成都博物馆藏

来呀，一起摇摆。

陶吹箫俑身着袍服，头戴头巾，是典型的汉代服饰穿搭。近看陶俑眉眼弯弯，面带微笑，手持长箫盘腿而坐，仿佛沉浸在自己吹奏的乐曲中。

请听我吹奏一曲。

陶立舞俑

成都博物馆藏

看陶立舞俑，它左手叉腰，右手衣袖作挥舞状，衣袂飘飘，舞姿婀娜，跳舞的动态感和衣服的柔软感表现得淋漓尽致。细看这陶俑的头部，它的发髻两边有两朵花，眉眼含笑，笑得十分灿烂。

陶舞俑
四川博物院藏

看我跳得怎么样？

　　陶舞俑身着长裙，右手轻提裙摆，左手抬高挥袖，袖子与裙摆的褶皱清晰可见；两只脚分开些许，稍稍蹲下，一副正在翩翩起舞的样子，充分体现了舞女婀娜的身姿和衣裙质地的柔软。陶俑的嘴角微微上扬，噙着一抹淡淡的笑容，向众人展现出最好的姿态。

　　如果说唱俑和跳舞俑面带笑容是因为工作性质比较特殊，但是其他各种劳作俑、仕女俑等不同社会分工的陶俑仍然是笑容满面，大概传递出的就是四川一种区域性独特的性格特质了。

陶汲水俑
成都博物馆藏

　　陶汲水俑表现的是一位女子去汲水的形象。汲水就是从井里打水。陶俑左手拿着装水的容器，右手拎着绳子，不知道在想什么高兴的事情。它双眼微眯，笑容灿烂，富有感染力。

东汉陶庖厨俑
成都博物馆藏

　　这件陶庖厨俑跪坐在地上，双手袖口挽起，面前的案板上放着各种肉类食材。陶俑一只手做握刀状，另一只手似乎要按住案板上的肉，正准备处理这些食材，笑得眼睛都弯了，可以看出它的心情非常好。

成都周边好去处

四川，是一个美丽的地方，是中国西南部钟灵毓秀之地，自古便有"天府之国"的美誉。源远流长的古蜀文明，多姿多彩的康巴文化，洋溢着民族风情的藏式民居……除了四川的省会城市成都以外，还有很多地方都值得去看一看。

一门父子三词客

▶眉山三苏祠博物馆

眉山是宋代文学家苏洵、苏轼、苏辙父子三人的故乡，北接成都。眉山的三苏祠是在旧宅上改建而成的，是国内最大的三苏纪念馆。苏轼在这里度过了 26 年的光阴，如今已是人们凭吊三苏的胜地。

一夫当关，万夫莫开

▶剑门关

剑门关位于四川广元市，扼守四川的北大门，是古蜀道上最为险要的关口，素有"天下第一关"的美誉，据说凡有志于蜀中称王者，必先攻下这个天险。

位置 四川眉山市

三苏祠

剑门关

乐山大佛

位置 四川广元市

位置 四川乐山市

与山一体的凌云大佛

▶乐山大佛

乐山大佛位于四川乐山市，雕凿在凌云山的岩壁上，气势雄伟。大佛取弥勒佛坐像造型，依临江峭壁人工凿造而成，又名凌云大佛。大佛巍峨壮观，号称"佛是一座山，山是一尊佛"，是迄今为止世界上最大的一座石刻弥勒佛坐像，也是唐代摩崖造像中的艺术精品之一。

中国第一座专业恐龙博物馆

▶自贡恐龙博物馆

四川自贡市是世界闻名的侏罗纪"恐龙之乡"，市内的自贡恐龙博物馆是我国首座专业恐龙博物馆。它与美国犹他州国立恐龙公园和加拿大阿尔伯塔省立恐龙公园并称"世界三大恐龙遗址博物馆"。馆内的化石标本收藏丰富，几乎涵盖了侏罗纪时期所有陆生脊椎动物门类的化石，在这里你能看到世界上最原始、最完整的剑龙——太白华阳龙，世界上保存最完整的肉食性恐龙——和平永川龙，还有世界上最完整的小型鸟脚类恐龙——劳氏灵龙等恐龙的化石，让人倍感震撼。

自贡恐龙博物馆 ← 位置 四川自贡市

九寨沟 位置 四川南充市 → **阆中古城**

位置 四川阿坝藏族羌族自治州

碧水中潋滟的斑斓

▶九寨沟

九寨沟地处青藏高原与四川盆地的过渡地带，地质构造复杂，以水景驰名天下，素有"黄山归来不看岳，九寨归来不看水"的美誉。沟内山水交错，湖泊遍布。沟内错落地分布着盘信寨、尖盘寨、则查洼、盘那亚寨、故洼寨、荷叶寨、黑角寨、树正寨、彭布寨共九个藏族寨子，因此得名九寨沟。

建筑文化的奇观

▶阆中古城

阆中古城位于嘉陵江中游，山围四面，水绕三方，天造地设，风景优美，素有"阆苑仙境"之美誉。由于地理格局兼备了"龙、穴、砂、水、向"等"地理五诀"，从而成为中国目前唯一保留下来的按唐代风水理念修建的古城。